Tom Wannenmacher | Andre Wolf

Die FAKE-JÄGER

Tom Wannenmacher | Andre Wolf

Die FAKE-JÄGER

Wie Gerüchte im Internet entstehen, und wie man sich schützen kann

Ich will im Netz keinen Gerüchten aufsitzen und von Lügen in meiner Meinungsfindung manipuliert werden. Deshalb gehe ich regelmäßig auf ZDDK.

Florian Simbeck
(Comedian, Schauspieler und Politiker)
© Wolfgang Schmidt

»Zuerst denken, dann klicken!« sollte direkt am Eingang zum Internet stehen. Mit einem Link zu Mimikama. Die Macher sind echte Helden, die mit Herz und Hirn gegen Abzocker, Hass und Halbwahrheiten kämpfen.

Tommy Krappweis
(RTL Samstag Nacht Comedian, Bernd das Brot Erfinder, Musiker, Regisseur, Produzent, Autor)

© Gary Busch

Leider nimmt der Hass im Netz und bedingt dadurch vielleicht auch in der realen Welt immer mehr zu. Bitte macht weiter so und hört nicht auf, für ein menschlicheres Miteinander zu kämpfen!

Reinhard Nowak
(Supernowak, Schauspieler und Kabarettist)

© Leo Bauer

Originalausgabe

1. Auflage 2016

www.komplett-media.de
ISBN Print: 978-3-8312-0441-0
Auch als E-Book erhältlich

Cover Design: Guter Punkt, München
Lektorat: Silwen Randebrock, Berlin
Korrektorat: Redaktionsbüro Diana Napolitano, Augsburg
Satz und Layout: Daniel Förster, Belgern
Druck und Bindung: Elanders, Germany
Printed in the EU

INHALT

EINFÜHRUNG – AM ANFANG WAR DER KLICK

Jeder Klick ist einzigartig, anders, etwas Besonderes! Jeder Klick ist ein Teil von Dir, er ist der Ausdruck Deines Handelns, der Spiegel Deiner Seele. Zumindest virtuell. Dein Fingerabdruck im Netz, Dein kleines Ich. Du bist der Klick.

Und wie gehst Du mit Deinem Klick um? Wie oft geschieht er achtlos? Reflexhaft? Unbewusst? Stehst Du hinter Deinem Klick von eben, oder ist er schon vergessen? Manchmal muss ein Klick, wie im echten Leben, auch mit Risiken verbunden sein. Doch manchmal hat ein einziger fahrlässig getätigter Klick auch bittere Folgen.

Wer erst denkt und dann klickt, lebt vielleicht nicht immer so spannend und dramatisch, dafür aber deutlich weniger riskant. Falsche Klicks haben schon zu aberwitzig teuren Rechnungen geführt, den einen oder anderen Rechner zum Absturz gebracht oder auch – vielleicht das Bitterste – so manche Freundschaft zerstört.

So ein kleiner, virtuell erscheinender Klick hinterlässt tatsächlich Spuren im echten Leben. Zu schnell mal »OK« gedrückt, an der falschen Stelle »Gefällt mir« geklickt oder voreilig »Kommentar absenden« bestätigt, das alles kann ganz reale Folgen haben.

Wir haben in den letzten Jahren viele dieser Klicks gesehen – und natürlich auch selbst getätigt. Denn um Himmels Willen – wer bedenkt schon wirklich jeden Klick! Hätten alle Menschen stets jeden einzelnen ihrer Klicks bedacht, dann gäbe es weder dieses Buch, geschweige denn unsere Webseite »Zuerst denken – dann klicken!«.

Alle folgenden Geschichten um Klicks, Fakes und Hoaxes sind eng mit Facebook verbunden, mehr noch, sie würden ohne Facebook gar nicht existieren. Daher werden wir im Laufe der Kapitel immer wieder auf Facebook und auch auf damit zusammenhängende Themen zu sprechen kommen und die Kenntnis von Facebook einfach voraussetzen. Denn sind wir mal ganz ehrlich: Wir schimpfen zwar alle über Facebook, doch davon lassen wollen wir auch nicht.

Daher wollen wir das unbedarfte Klicken und auch Facebook als Schauplatz des Geschehens an dieser Stelle gar nicht verteufeln, sondern uns einfach mal dafür bedanken. Bedanken, für die vielen Abenteuer, die mit einem Klick entstanden sind. Bedanken für ein spannendes Internet, das ohne (Fehl-)Klicken doch stinklangweilig wäre. Und ohne welches dieses Buch eben nicht existieren würde.

KAPITEL 1

UND DER KLICK ERSCHUF DEN HOAX: BULLSHIT-BILDER

Hoax, was ist das eigentlich? Ein Hoax ist eine Falschmeldung, ein Schwindel. Genauer: eine bewusste Falschmeldung in Richtung eines Schwindels. Der Erschaffer eines Hoax hat vor, seine Leserschaft zu täuschen. Im Gegensatz zum oftmals betrügerischen Fake ist ein Hoax aber scherzhaft gemeint und von seiner Intention her weniger bösartig.

Hoaxes sind schon richtig alt. In einem großen Weblexikon kann man lesen, dass das Wort Hoax zum ersten Mal im Jahre 1796 schriftlich erwähnt worden sei. Und es wird dort die These aufgestellt, dass das Wort Hoax dem Wort »Hokuspokus« abgeleitet sei. Das macht es jetzt doppelt interessant, denn da die Entstehung des Wortes Hokuspokus auf einem Fake beruht, wäre ein Hoax bereits in sich selbst ein Fake.

Wie? Hokuspokus? Fake? Ja, tatsächlich besagt eine der Theorien zur Entstehung des Wortes, dass es sich dabei einfach um die missverstandene Aussprache des lateinischen Satzes »*Hoc est enim corpus meum*«, zu Deutsch »*Denn dies ist mein Leib*« handelt, der zur Feier des Heiligen Abendmahls gesagt wird. Stellen wir uns einfach mal eine kleine Dorfkapelle vor, in irgendeinem münsterländischen Dorf. Wir befinden uns mitten im Mittelalter. Vorn steht ein Mönch, Abendmahl ist angesagt. Die Gemeinde sitzt, schweigt und horcht. Der Mönch spricht, wie üblich zu jener Zeit, auf Latein. Ganz interessant, gerade wenn man bedenkt, dass das Volk kein Latein verstand. Und hier kommt der Hokuspokus ins Spiel: Der Mönch spricht die Einsetzungsworte, mit welchen ja gemäß katholischem Verständnis aus dem Brot tatsächlich der Leib Christi wird. Für die Besucher der Messe quasi Zauberei – und dabei hören sie mit ihren ungeübten Ohren ein leicht genuscheltes »*Hoc est enim corpus …*«. Und schon wird aus den Einsetzungsworten der Hokuspokus.

So können also Fakes entstehen: Durch Unwissenheit, Missverständnisse, falsch wiedergegebenes Gehörtes. Und um auf die Etymologie des Hoax zurückzukommen: Er unterliegt wohl einem Fake. Einem nahezu biblischen Fake.

SWIFFER-HOAX

Hoaxes von nahezu biblischem Ausmaß gibt es auch im Internet immer wieder, manche scheinen nahezu unausrottbar und kehren immer wieder! Ein Paradebeispiel dafür ist der Hoax um die Swiffer-Tücher. Um mal kurz reinzuschnuppern und zu verstehen, was so ein Hoax ist und wie er gestaltet ist, ist der Swiffer-Hoax echt ein klasse Beispiel. Wie ein Lauffeuer verbreitete sich seit dem Jahre 2011 auf Facebook eine Falschmeldung, welche besagt, dass »Swiffers feuchte Tücher« gefährlich für Hunde und Katzen seien. Diese Nachricht ist schon seit Jahren in Umlauf. Swiffer selbst hatte längst eine Richtigstellung auf der eigenen Webseite abgegeben, denn natürlich entbehrt die folgende Meldung jeglicher realen Grundlage.

ACHTUNG! GIFTIG! DRINGEND LESEN UND TEILEN

Wie wir vor knapp einer Woche bei einem Besuch in der Tierarztpraxis am schwarzen Brett erfahren haben, musste ein 5-jähriger Schäferhund wegen eines schmerzhaften Leberleidens eingeschläfert werden. Die Besitzerin hat eine Autopsie veranlasst, da sie keinerlei Erklärung für dieses Leiden hatte. Zur Vorgeschichte muss man wissen, dass der Hund immer im Haus lebte, nur unter Aufsicht ins Freie geführt wurde und auch da immer unter Beaufsichtigung war. Die Autopsie ergab, dass die Leber in einem fürchterlichen Zustand war, was nur auf regelmäßige Gifteinnahme zurückzuführen war. Danach wurden alle Haushaltsprodukte auf Giftanteile überprüft. Bei genauerer Inspektion der Verpackungen von »SWIFFERS – feuchte Tücher« stieß man auf das Kleingedruckte, wo darauf hingewiesen wird, dass das Produkt für Kinder und Tiere giftig ist. Die Kontaktaufnahme mit dem Fabrikanten des Produktes brachte die große Überraschung, dass einer der Bestandteile Enteiser, bzw. sehr nah dem Molekül Enteiser entspricht. Der Boden der Besitzerin des Schäferhundes wurde regelmäßig mit den oben erwähnten Tüchern gereinigt. Der Hund leckte sich immer die Fußballen, und das führte zur Vergiftung. Nicht lange nach dem Tod des Hundes mussten auch 2 Katzen mit den gleichen Symptomen eingeschläfert werden. Auch in diesem Fall wurden dort über längere Zeit »SWIFFER – feuchte Tücher« benutzt. Tierhalter werden ausdrücklich gewarnt, diese für Tiere giftigen Tücher zu benutzen. Bitte an alle Freunde, Bekannte, etc. mit Kindern & Haustieren weiterleiten.

Nein, verdammt, nein! Auch mit dem eintausendeinhundertsten Teilen auf Facebook wird diese Meldung nicht wahrer. Dennoch wird sie weiter geteilt und geteilt, und auch heute noch sieht man hier oder da auf Facebook jemanden warnend mit einem virtuellen Swiffer-Tuch wedeln. Einsam. Allein. Irgendwo in irgendwelchen Facebook-Statusmeldungen.

HIV-HOAX

Auf der Suche nach wirklich alten Falschmeldungen stolpert man ohne Zweifel auch über einen anderen Dinosaurier der Falschmeldungen: die mit HIV infizierte Nadel im Kinosessel.

Wir haben den Hoax bis in das Jahr 2000 zurückverfolgen können, in dem er bereits via E-Mail verbreitet wurde. Mit dem Aufkommen von Messengern und sozialen Netzwerken hat natürlich eine Art Dammbruch stattgefunden, denn Falschmeldungen wie diese konnten ungehemmt in Massen verbreitet werden.

HALLO LEUTE!

Seit einigen Wochen laufen in München Verrückte herum, die andere Leute absichtlich mit HIV infizieren. Sie gehen vor allem in Münchner Discotheken und Clubs (bisher Nachtgallerie, Nachtwerk, Opera, Kunstpark Ost, Alabama/Götter der Nacht-Gelände, etc.) und injizieren die Viren mit kleinen dünnen Spritzen, die die Betroffenen kaum oder gar nicht spüren. Die Betroffenen hatten dann einen Zettel auf dem Rücken/auf der Schulter wo »Willkommen im Club!« drauf stand. Es sind schon 9 Fälle bekannt, wo eine Infektion mit HIV nach einer solchen Attacke nachgewiesen werden konnte.

Auf Anfragen bei der Polizei, wurde bestätigt, daß es sich in diesen Fällen um kein Gerücht handelt. Die Polizei hängt diese Fälle jedoch nicht an die große Glocke, da Sie eine Massenhysterie fürchtet. Allerdings hat schon TV-München über Videotext informiert sowie die Süddeutsche Zeitung darüber geschrieben. Also am besten Ihr meidet solche Massen beim Weggehen und verfolgt die Medien, ob sich nicht doch was hinsichtlich den Ermittlungen ergibt. Man weiß auch nicht, ob das nur in München passiert ist, oder auch in anderen Städten solche Irren so nen Scheiß abziehen. Seid auf der Hut und informiert Eure Freunde.

Die Ortsangabe »München« aus diesem Schreiben ist natürlich in der Masse der vielfältigen Warnungen lediglich eine Variable: Ob Berlin, Köln oder auch Braunschweig, all diese Stadtnamen hat man bereits in dieser Warnung gesichtet. Und nicht nur Deutschland ist betroffen. So gab es diesen Hoax auch in einer Lausanne- und Wien-Variante.

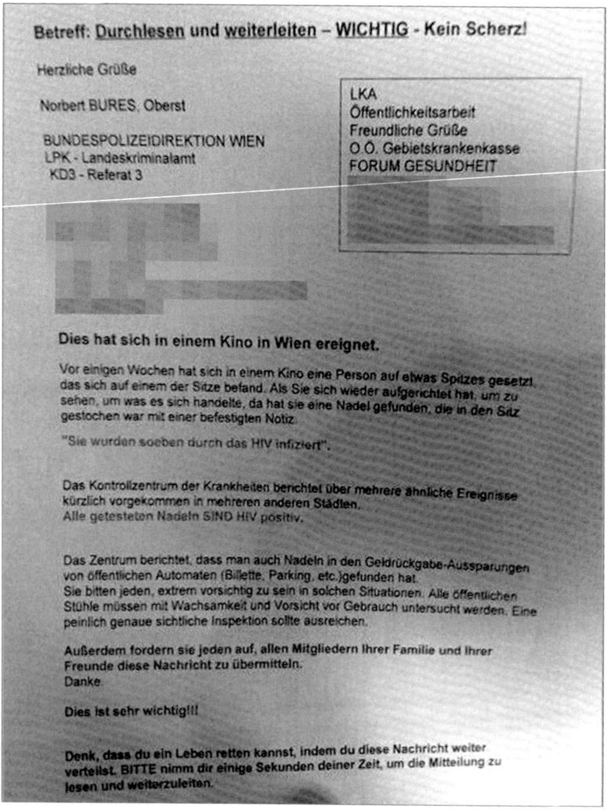

Betreff: Durchlesen und weiterleiten – WICHTIG - Kein Scherz!

Herzliche Grüße

Norbert BURES, Oberst

BUNDESPOLIZEIDIREKTION WIEN
LPK - Landeskriminalamt
KD3 - Referat 3

LKA
Öffentlichkeitsarbeit
Freundliche Grüße
O.Ö. Gebietskrankenkasse
FORUM GESUNDHEIT

Dies hat sich in einem Kino in Wien ereignet.

Vor einigen Wochen hat sich in einem Kino eine Person auf etwas Spitzes gesetzt das sich auf einem der Sitze befand. Als Sie sich wieder aufgerichtet hat, um zu sehen, um was es sich handelte, da hat sie eine Nadel gefunden, die in den Sitz gestochen war mit einer befestigten Notiz.

"Sie wurden soeben durch das HIV infiziert".

Das Kontrollzentrum der Krankheiten berichtet über mehrere ähnliche Ereignisse kürzlich vorgekommen in mehreren anderen Städten.
Alle getesteten Nadeln SIND HIV positiv.

Das Zentrum berichtet, dass man auch Nadeln in den Geldrückgabe-Aussparungen von öffentlichen Automaten (Billette, Parking, etc.)gefunden hat.
Sie bitten jeden, extrem vorsichtig zu sein in solchen Situationen. Alle öffentlichen Stühle müssen mit Wachsamkeit und Vorsicht vor Gebrauch untersucht werden. Eine peinlich genaue sichtliche Inspektion sollte ausreichen.

Außerdem fordern sie jeden auf, allen Mitgliedern Ihrer Familie und Ihrer Freunde diese Nachricht zu übermitteln.
Danke.

Dies ist sehr wichtig!!!

Denk, dass du ein Leben retten kannst, indem du diese Nachricht weiter verteilst. BITTE nimm dir einige Sekunden deiner Zeit, um die Mitteilung zu lesen und weiterzuleiten.

Gerade in Österreich hielt sich diese Warnung hartnäckig, da sie zwischenzeitlich durch einen – wohlgemerkt gefälschten – Brief der O.Ö. Gebietskrankenkasse bestätigt wurde. Der Brief hat einen offiziellen Charakter und wird seit dem Jahr 2007 über E-Mail und Facebook verteilt.

Diese Warnung ist letztendlich auch bei der O.Ö. Gebietskrankenkasse angekommen, die darauf reagierte und eine Richtigstellung veröffentlichte. Das Problem dabei, wie bei jeder Art von Richtigstellung: Sie erreicht die Massen nicht:

ACHTUNG!
GEFÄLSCHTE E-MAIL IN UMLAUF

Derzeit kursiert ein sogenannter E-Mail Hoax (eine bewusste Falschmeldung, ein schlechter Scherz), der vor infizierten Injektionsnadeln in öffentlich zugänglichen Räumen warnt. Im E-Mail sind Kontaktinformationen der OÖGKK und der Bundespolizeidirektion Wien angegeben.

Dieses E-Mail ist eine Fälschung! Der Inhalt ist frei erfunden und stammt keinesfalls aus der OÖGKK. Leider ist es uns nicht möglich, dieses E-Mail dauerhaft aus dem Verkehr zu ziehen. Wenn Sie dieses E-Mail erhalten, löschen Sie es bitte umgehend und senden Sie es keinesfalls weiter. Herzlichen Dank!

In diesem Falle müssen wir einfach davon ausgehen, dass dieser Hoax immer wieder auftauchen wird. Die Frage ist nur: Wie kann eine Falschmeldung nur so erfolgreich sein, dass sie auch nach über 16 Jahren nicht zu ersticken ist?

Das liegt in diesem Fall an dem erfolgreichen Thema sowie an der gefühlten Plausibilität und auch dem Drang einiger Menschen, bewusst verängstigen zu wollen. Natürlich bedient dieser Hoax eine ganz besondere Angst: Man könne unschuldig an einem halbwegs öffentlichen Ort mit HIV infiziert werden. Das möchte man für sich selbst nicht, das wünscht man sich auch nicht für andere Personen. Also bedient dieser Fake zum einen Grundängste, zum anderen liefert er aber auch die Möglichkeit, sich leicht in die Kette der »Guten« einzufädeln, indem man die Warnung selbst teilt und somit andere schützt.

Fatal wirkt sich zudem in dieser Falschmeldung aus, dass die Ortsangaben variieren. So kann die Warnung regional immer wieder von Neuem initiiert werden, ein Einzelner braucht dabei nur aus dem Spaß an der Angst anderer den Ortsnamen auswechseln und schon geht das Spiel von vorn los. Dabei spielen soziale Netzwerke, die die Warnung ja transportieren, eine wichtige Rolle. Diese Warnung empfängt man hier ja von »Freunden«, denen man im Grunde vertraut. Zentrales Element hier: Facebook als Keimzelle für Falschmeldungen.

FACEBOOK

Ja, es ist Facebook. Der Motor, der Antrieb, das Öl im Feuer, der Schwarm in der Intelligenz (oftmals ohne Letzteres).

Facebook ist sowohl Inkubationsstätte als auch Trägermedium vieler Hoaxes. Seit Facebook hat auch die Quantität der Falschmeldungen zugenommen – wir schreiben an dieser Stelle bewusst: Quantität –, denn vor Facebook war die Qualität wichtiger, um das Überleben eines Hoaxes zu sichern. Dank Facebook kann man jedoch jeden Mist in den Äther spucken, irgendwo kommt immer was an.

Dabei wird Facebook oft auch selbst zum Opfer von Hoaxmeldungen. Der folgende Hoax schlich sich bis in Politikerreihen, so widersprachen unter anderem die Politiker Dirk Niebel und Patrick Döring von der FDP im November 2014 mit den mittlerweile berühmt-berüchtigten Bullshit-Bildern den »neuen« Facebook-AGBs.

Auslöser der AGB-Falschmeldungen waren die angekündigten neuen »Grundlagen zum Datenschutz und die aktualisierten Bedingungen und Richtlinien«, die ab 1.1.2015 in Kraft treten sollten. Facebook informierte seine Nutzer über die Infoleiste, dass zu eben diesem Datum die Bedingungen und Richtlinien aktualisiert würden. Das versetzte viele Menschen in unkontrollierte Panik, man hörte sie förmlich, die stummen Schreie: Da muss man doch was machen!

Und das machten sie – wie die Lemminge. An allen Ecken und Enden von Facebook kramte man die Bullshit-Bilder wieder heraus, die man schon 2013 und 2012 vergeblich nutzte:

> Aufgrund der neuen AGB's in Facebook widerspreche ich hiermit der kommerziellen Nutzung meiner persönlichen Daten (Texte, Fotos, persönliche Bilder, persönliche Da-

ten) gemäß BDSG. Das Copyright meiner Profilbilder liegt ausschließlich bei mir. Die kommerzielle Nutzung bedarf meiner schriftlichen Zustimmung.

Because of the new terms of Use on Facebook I disagree with this, the commercial use of my personal information (text, photos, personal images, personal data) according to BDSG. The copyright of my profile belongs exclusiv.

Inklusive aller völlig unsinnig gesetzten Apostrophe schützten sich Facebooknutzer prophylaktisch mit nutzlosen Widerspruchserklärungen. Mal abgesehen von dem völlig falschen Verständnis des Urheberrechts (Copyright), das diesem Widerspruch zugrunde liegt. Aber dazu kommen wir später im Buch noch.

FunFact: Diese Statusmeldungen sind immer noch da! Hier kommt jetzt der Nachteil von Printmedien zu tragen: In einem Buch kann man keine Links einfügen. Aber versprochen: Zum Zeitpunkt des Verfassens dieser Zeilen war an dem Profil von Patrick Döring unter dem Datum 27.11.2014 noch der Widerspruch zu lesen.

NOCH MEHR FACEBOOK-UNSINN?

Bitte, gerne! Im Frühjahr 2015 tauchte eine weitere Meldung auf, die einfach nicht kaputtzukriegen war: Facebook erhebt ab dem 1.5.2014 eine Nutzergebühr. Oder wahlweise ab dem 1.6. oder dem 1.12. oder zum Jahresanfang 2016. Abgesehen von dem ständig veränderten Datum konnte man immer dasselbe lesen:

WICHTIGE INFO!

Facebook erhebt ab dem 01.05.2014 eine Nutzergebühr von 4,99 € für jedes Mitglied! Jeder wird in den nächsten Tagen angeschrieben. Wenn Du damit nicht einverstanden bist, teile diesen Text um dich dagegen zu wehren!

Der Ausdruck »wichtige Info« ist ja eigentlich immer schon verräterisch und bedeutet im Grunde nichts anderes, als »das hier ist Bullshit«. Von wem die Grafik, die alle wie wild verteilt haben, stammte, weiß man nicht. Gerade weil sie so oft geteilt und wieder hochgeladen wurde, wird uns leider der grafische Vater dieses Machwerks nie offenbart werden. Fakt ist jedoch, dass die Meldung NICHT stimmt. Sie ist ein Aprilscherz gewesen, tauchte in ihrer ursprünglichen Version zum ersten Mal am 1.4.2015 auf und wurde in den Folgemonaten immer im Datum ein wenig … sagen wir mal … modifiziert. Und ganz ehrlich: Wieder haben unzählige Menschen diesen Quatsch geteilt und freundlich gemeinte Hinweise ignoriert.

Doch was treibt Menschen dazu, einfach mal irgendwelche Bullshit-Bildchen zu teilen? Oft scheint die Überzeugung »Wenn alle es machen, dann muss es ja richtig sein« schuld daran zu sein. Das werden wir auf den Seiten dieses Buches noch öfter erleben: Auch wenn es viele sagen und immer wieder wiederholen – es wird dadurch nicht richtiger!

Nun ja, richtig gefährlich sind diese kleinen Bullshit-Bildchen nicht. Wenn sich jedoch zum Beispiel eine Falschmeldung international verbreitet und durch massenhaftes blindes Übernehmen stetig wiederholt wird, dann kann so etwas schon Spuren hinterlassen. Aber keine Angst, an dieser Stelle des Buches gehen wir noch nicht so tief in die Materie (man kann sich jedoch schon auf das Kapitel mit der Paracetamol-Challenge freuen). Stattdessen bleiben wir bei den kleinen, lustigen Bullshit-Bildern, wie sie gerne auf Facebook ge- und verteilt werden.

470 × 470 PIXEL

Das ist die oftmals bevorzugte Größe dieser Bullshit-Bilder, und so manchmal wundert man sich, wie viel Mist auf 470 × 470 Pixel passt. Zumindest werden diese kleinen Bildchen, deren Botschaft schon so manchem Leser das virtuelle Brett vor den Kopf geschlagen hat, im Newsstream in dieser Größe dargestellt. Bullshit-Bilder haben neben ihrer Größe noch weitere, ganz bestimmte Erkennungsmerkmale: Auf ihrem beschränkten Darstellungsplatz findet man keine Erklärungen, keine differenzierten Inhalte. Im Gegenteil: Die Botschaft ist einfach, in fast allen Fällen zu einfach. Sie haben zum Ziel, aufgrund ihrer knackigen Aussage geteilt zu werden. Das macht sie so beliebt, denn sie bringen mit wenigen Worten komplizierte Inhalte auf den Punkt. Dass dieser Punkt oftmals nicht so ganz richtig ist, scheint dabei nicht zu interessieren, wichtig für die Verteiler ist dabei lediglich, dass ihre plakative Botschaft in die Welt getragen wird.

Interessantes Nebenwissen zu Bullshit-Bildern ist: Facebook verschafft Bildern eine größere Reichweite. Effektiv bedeutet das: Ein Foto, ein Bild oder eine Grafik, die man bei Facebook hochlädt, wird bei wesentlich mehr Personen im Newsstream angezeigt, als zum Beispiel ein Link zu einem interessanten Artikel oder einer Webseite. Und genau das bringt Leben in die Hütte!

Manchmal sind diese Bullshit-Bilder einfach nur ein harmloser Hoax. Ein gutes Beispiel dafür ist die Betriebspause von Facebook. Wie? Du weißt nichts davon?

Dieses Bullshit-Bild wurde wie irre von vielen Facebooknutzer geteilt. Die »Glaubwürdigkeit« der Information wurde direkt implementiert: Das original Facebook-Logo wurde verwendet, und auch die Farben waren stimmig. Die Opfer dieses Bildes werden sich denken: »Jaja, muss ja passen, Facebook verhält sich wieder mal nicht korrekt, indem es schon wieder etwas still und heimlich macht, ohne seine Nutzer darüber zu informieren«. Viele andere denken sich: »Ja! Genau mit dieser Grafik bin ich ein echt lustiger Typ und verarsche einfach mal meine Freunde!«

Leider gibt es aber auch Bullshit-Bilder, die nicht auf Humor basieren. Sie werden auch nicht verteilt, um jemand anderen zum Narren zu halten, sondern verfolgen wirklich eine Botschaft. Eine Bullshit-Botschaft. Und leider sind eben diese Bilder immer ein wenig langlebiger, als ihre Richtigstellungen. Wie bereits erwähnt liegt das auch an der Natur von Facebook: Facebook bevorzugt Grafiken und somit auch kurze und in diesem Fall fehlleitende Inhalte. Wer Erklärungen, tiefergehende Analysen oder Recherchen anbietet, ist meist im Nachteil.

DAS BULLSHIT-TRIPEL

Steigen wir bei einem Bullshit-Bild ein, das den Bereich Hoax, also Spaß, schon in Richtung krasser Unsinn überschritten hat. Wieder zog die Aussage dieses Bildes weite Kreise und bestärkte viele Menschen in ihrer Überzeugung, sie seien Zeuge eines schleichenden Prozesses, der ihnen die abendländische Kultur rauben will. Doch wenn man genauer hinsieht und vielleicht sogar recherchiert, dann erkennt man bald: Nicht unsere Kultur ist in Gefahr, vielmehr ist gerade dieser Namenskonflikt aus unserer Kultur und Geschichte entstanden.

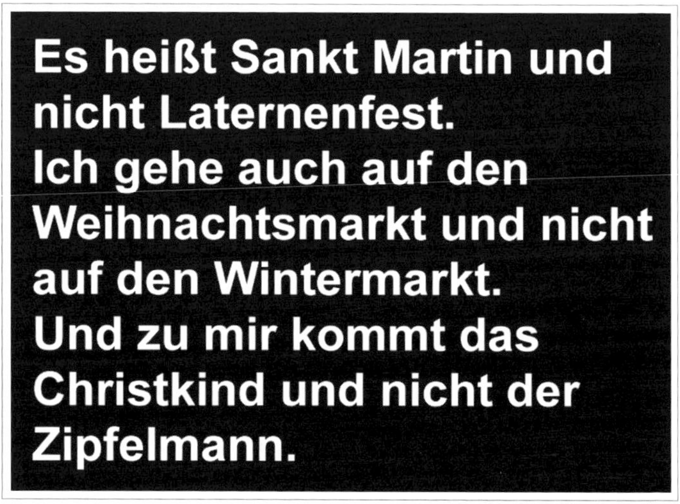

Das Bullshit-Tripel besteht, wie der Name bereits aussagt, aus drei Komponenten:

1. Das Sankt-Martin/Laternenfest-Dilemma
2. Die Weihnachtsmarkt/Wintermarkt-Differenz
3. Das Christkind/Zipfelmann-Paradoxon

Das Sankt-Martin/Laternenfest-Dilemma

Beginnen wir mit dem Sankt-Martin/Laternenfest-Dilemma. Sankt Martin wird in »Lichterfest« oder »Laternenfest« umbenannt. Diese Aussage erschütterte vor allem jene Menschen, die Angst vor jeglicher Art von Islamisierung haben. Doch man kann an dieser Stelle beruhigen: Es war definitiv kein Moslem, der hier die Finger im Spiel hatte. Eigentlich war einer der Verantwortlichen eher ein katholischer Mönch … ein Mönch namens Martin Luther.

Denn aus Sankt Martin wurde Laternenfest. Ja, das stimmt. Und wer sich mit deutscher Geschichte auskennt, sollte wissen, dass dies nicht erst in diesem Jahr geschehen ist. Es handelt sich hier übrigens um ein typisch deutsches Phänomen.

Beginnen wir dabei mit einem Blick in die junge Vergangenheit. Ich kann mich da an einen kleinen Jungen erinnern, der im November 1982 im Kindergarten in Peckeloh am Tisch saß und eine Laterne gebastelt hat. Gefreut hat er sich, wirklich! Er übte mit seinen Freunden auch kräftig Lieder, »Laterne, Laterne, Sonne, Mond und Sterne« stand dabei ganz vorn auf der Liste. Dieser Junge freute sich auf einen ganz bestimmten Tag. Er freute sich auf den Tag, an dem traditionsgemäß alle Kinder aus dem Kindergarten mit ihren Eltern und dem Musikzug Wiltmann durch den kleinen Ort gehen und dabei die Laterne halten und Lieder singen. Er freute sich genau auf diesen Abend, er freute sich auf das – Laternenfest.

Ja. Das Laternenfest im Jahre 1982. Und auch 1983 und 1984. Und auch schon vorher, aber auch danach: In diesem kleinen westfälischen Örtchen hieß das immer schon Laternenfest. Sankt Martin? Kannte dort niemand, auch heute noch ist der Sankt-Martins-Brauch im Grunde recht unbekannt in dieser Stadt. Man kennt und feiert dort ein klassisches Laternenfest.

Das liegt jedoch nicht daran, dass dieser Ort vielleicht einen hohen Anteil an Moslems oder Juden hat – nein, das liegt eher daran, dass dieser Ort stark protestantisch geprägt ist. Und auch immer schon war. Die Ausrichter des Laternenfestes waren immer die (evangelischen) Kindergärten.

Das Laternenfest ist eine rein deutsche Erfindung. Schauen wir kulturgeschichtlich ein wenig weiter in die Vergangenheit: Ob Sankt Martin oder Laternenfest, auf beiden wird das Gleiche gefeiert. Lediglich der Name ist unterschiedlich, und auf Martinsumzügen steht der heilige Martin von Tours im Mittelpunkt, der, als römischer Soldat gekleidet, symbolisch seinen Mantel einem Bettler schenkt. Dieser Ritter ist auf Laternenfesten eher nicht zu finden, wobei es auch regional zu Unterschieden oder Mischformen kommen kann.

Aus Sankt Martin wurde also im Laufe der Zeit in verschiedenen Regionen das Laternenfest. Das ist eine Wandlung, die geschichtliche Gründe hat. Dass der heilige Martin in weiten Regionen Deutschlands keine Rolle auf Umzügen spielt, wurzelt in der Reformation. Denn faktisch sind heute knapp 50 Prozent aller Christen in Deutschland einer Gemeinde der evangelischen Kirche zugehörig.

Man muss es auf den Punkt bringen: Im protestantischen Glauben gibt es schlichtweg keine Heiligenverehrung. Das trifft in diesem Fall auch auf Sankt Martin zu (nach dem interessanterweise Martin Luther ja benannt ist). Insofern veranstaltet ein protestantischer Träger (Kindergarten, Kirchengruppe, etc.) eher keinen Sankt-Martinsumzug.

Jedoch wurde auch der katholische Sankt Martin in einigen Regionen evangelisch adaptiert, indem man sich die Namensgleichheit zunutze machte und kurzerhand aus dem Sankt Martin den Martin Luther machte. Die Evangelische Kirche in Deutschland schreibt dazu auf ihrer Homepage:

> *»So feiert man heute entweder den katholischen Heiligen mit Laternenumzügen und Martinsfeuern oder den Reformator.«*

Also ganz deutlich: Seit jeher ist in protestantisch geprägten Gegenden tendenziell eher ein Laternenfest anstatt eines Martinsumzuges anzutreffen. Nicht erst seit diesem oder letzten Jahr.

Der Martinsumzug mit Ritter und Pferd ist jedoch, speziell für Kinder, ein freudiges Ereignis. Zumal die Legende des Sankt Martin ja ein Handeln aus christlicher Nächstenliebe beschreibt, das der protestantischen Ethik in keiner Weise widerspricht. Also gibt es für Protestanten keinen Grund, nicht an einem Martinsumzug teilzunehmen, und im Gegenzug ist es auch für Katholiken kein Problem, an einem Laternenfest teilzunehmen.

Kommen wir nun zurück zu unserem Bullshit-Bild, das plakativ sagt: »Es heißt Sankt Martin und nicht Laternenfest.« Den Namen bestimmt der Ausrichter. Ein katholischer Träger wählt eher den Namen »Martinsumzug«, ein protestantischer wird in Richtung »Laternenfest« tendieren.

Also, wenn man schon einen Schuldigen sucht, der für die Umbenennung des Martinszuges verantwortlich ist, so findet man ihn, wie wir jetzt wissen, nicht bei den Muslimen, den Atheisten oder den Kommunisten. Dann sollte man schon bitteschön die Protestanten an den Pranger stellen. Nennt sie beim Namen, es waren Luther, Zwingli, Calvin, Melanchthon oder Bugenhagen, die katholische Feste umbenannt haben, damit auch Protestanten diese feiern konnten. Das ist deutsche Geschichte – das ist deutsche Kultur. Und daran kann auch ein Bullshit-Bild nichts ändern.

Die Weihnachtsmarkt/Wintermarkt-Differenz

Aber damit ist der Bullshit-Tripel erst eröffnet, denn nun folgt die Weihnachtsmarkt/Wintermarkt-Differenz. Oh mein Gott, war das ein Gejammer und Gezeter im November 2015: Der Weihnachtsmarkt am Münchner Flughafen heißt Wintermarkt! Millionen von Facebooknutzern echauffierten sich und beschworen den Untergang des Abendlandes. Selbst Politiker oder Administratoren großer Facebook-Seiten jammerten wie Chewbacca, nachdem er angeschossen wurde.

Wenn auch nur einer dieser Burschen bei der Leitung des Flughafens München angefragt hätte, dann wären der Welt viele böse Worte erspart geblieben. Lieber böses Blut schaffen und Gift spucken, anstatt in Dialog zu treten. Und damit auch kurz mal Zusammenhänge erschaffen, die so nicht existieren. Der Wintermarkt am Münchner Flughafen ist ein super Beispiel dafür.

Bereits am 17. Dezember 2014 war auf der Fanpage von Dr. Bernd Fabritius (MdB CDU/CSU, Vors. UA Ausw. Kultur- und Bildungspolitik, Ausw. Ausschuss, MRHH-Ausschuss, BdV-Präsident) über diesen Wintermarkt zu lesen.

Aus seinen Vorwürfen (bereits vom Dezember 2014) erlauben wir uns an dieser Stelle zu zitieren:

»GIPFEL DER INTOLERANZ UND DER BELIEBIGKEIT!

Eigentlich mag man es gar nicht glauben! Es meint wohl auch der Flughafen der Landeshauptstadt München aus dem traditionellen Christkindlmarkt oder dem Weihnachtsmarkt einen »Wintermarkt« machen zu müssen ... Völlig daneben!

Toleranz gegenüber Traditionen und Religionen bedeutet NICHT, gerade diese preiszugeben, sondern sie anzunehmen! Viele ausländischen (sic) Gäste kommen gerade deshalb gerne nach Bayern, weil es hier eben noch Traditionen zu erleben gibt.

Da steht zwar noch ein Weihnachtsbaum (oder ist das jetzt eine »Beleuchtungstanne«?) und ein Pralinenverkäufer versteckt verstohlen die Silhouette (sic) eines Nikolaus hinter einigen Tannenzweigen. Aber mit Toleranz, einer »Weltstadt mit Herz« und abendländischer Kultur hat das nichts mehr zu tun! Die begründende Pressemitteilung des Flughafenbetreibers (der Markt dauere einige Tage länger als Weihnachten) überzeugt nicht: Die Weihnachtszeit dauert bis Maria Lichtmess und damit länger als der Markt. Vorgeschobene Gründe also.

Schade!«

Diese Vorwürfe sind weiterhin auf seiner offiziellen Fanpage zu sehen, man muss nur weit genug in der Historie suchen. In den Dialog mit dem Münchner Flughafen scheint er nie getreten zu sein, denn eine Auflösung seiner emotionalen Worte ist nicht zu finden. Wo er doch schon Facebook nutzt, wäre eine kleine PN an den Flughafen München sicher hilfreich gewesen.

Knapp ein Jahr später greift stattdessen eine große deutschsprachige Facebook-Seite mit dem Namen »Anonymous.Kollektiv« und weit über einer Million Lesern diese Zeilen des Politikers auf, um zu »beweisen«, wie sehr Deutsche im eigenen Land kritisiert werden. Dialog mit dem Münchner Flughafen? Wiederum nicht. Weder im Jahr 2014 noch im Jahr 2015 hat sich irgendjemand die Mühe gemacht, bei der Flughafenleitung zu fragen, warum ihr Weihnachtsmarkt denn »neuerdings« Wintermarkt hieße.

Und dabei hätte man gar nicht mehr wirklich fragen (und sich damit blamieren) müssen, denn der Flughafen München hatte bereits eine Pressemitteilung herausgegeben, warum und vor allem, seit wann ein Wintermarkt an ihrem Flughafen stattfindet.

*** OFFIZIELLE STELLUNGNAHME ***

Die Flughafen München GmbH verwahrt sich gegen die zum Teil offen fremdenfeindlichen und hetzerischen Beiträge, die uns zum Thema Wintermarkt erreichen. Wir sind hier offenbar zum Ziel einer bösartigen Kampagne geworden, die über die vermutliche gefakte Anonymus-Seite ausgelöst wurde. Zu dem Begriff Wintermarkt stellen wir fest: Der alljährliche Markt im München Airport Center wird bereits seit dem Jahr 2006 unter dem Namen Wintermarkt veranstaltet. Der Grund für diese Benennung war seinerzeit, dass die Öffnungszeiten des Marktes im MAC verlängert wurden. So blieben die Stände im MAC in der Saison 2006/2007 erstmals bis zum 7. Januar offen – und damit zwei Wochen länger als die klassischen Weihnachtsmärkte. Mit der neuen Bezeichnung sollte sichergestellt werden, dass der Wintermarkt am Flughafen mit seiner längeren Öffnungsdauer von den Weihnachtsmärkten unterschieden wird. Auch im laufenden Jahr ist der Markt im MAC eben kein Weihnachts- oder Christkindlmarkt, die ja bekanntlich am ersten Adventswochenende starten. Demgegenüber beginnt der Wintermarkt am Flughafen bereits morgen und damit eine Woche früher. Anders als die Weihnachtsmärkte endet der Wintermarkt am Flughafen auch nicht an Heiligabend, sondern erst am 27. Dezember. Insofern wäre es schlicht irreführend, den Markt mit der gleichen Bezeichnung zu versehen, wie die auf die Adventszeit beschränkten Weihnachtsmärkte.

//Die Flughafen München GmbH

Machen wir also einen Haken dahinter. So ein Wintermarkt heißt einfach Wintermarkt, weil er die Weihnachtszeit überdauert.

Das Christkind/Zipfelmann-Paradoxon

Wer nun denkt »Schlimmer geht nimmer«, der hat vergessen, dass aus unserem Bullshit-Tripel noch eine These fehlt: das Christkind/Zipfelmann-Paradoxon. Kennst Du den Zipfelmann? Der Zipfelmann ist ein echt armes Kerlchen und Teil des winterlichen Schokoladensortiments bei Penny. Und hat Penny mehr als nur einen Shitstorm beschert. Was hat der arme Zipfelmann nun den Menschen nur getan, dass sie ihn so sehr hassen? Er ist doch eigentlich ganz niedlich, wie er da so zur Weihnachtszeit im Regal steht.

Also versuchen wir, die Geschichte zu entwirren: Ja, den Zipfelmann kann man bei Penny kaufen. Jedoch hat es sich anscheinend noch nicht bis in die letzte Ecke herumgesprochen, dass dieser Zipfelmann kein Ersatz oder gar Konkurrent des Schoko-Weihnachtsmannes ist. Da kann man noch so viel schreien und behaupten. Folgender Text ist keine Erfindung von uns, wir schwören! Diese Meldung war auf Facebook zu lesen und wurde im November 2015 viele Tausend Male verteilt:

> Hier auf Facebook geht ein Bild von einen schoko Weihnachtsmann von der Firma Doicor rum der in Zipfelmann unbenannt wurde. Penny Verkauft Decoir Zipel-

> männer statt Weihnachtsmänner???? Wenn dem so ist werde ich bei Penny in zukunft nie mehr kunde sein !!! !! ES HEIßT WEIHNACHTSMANN und NICHT Zipfelmann !!!!!!!!!!!!!!!!!!!!!!!!!!!!!!!!!!!!!!! Morgen werde ich zu Penny gehen und wenn ich da so ein schoko als zipfelmann endecke dann seid ihr mich los!!!!!!!!!! Und nicht nur mich!!!!!!!!!!!! Wir sind DEUTSCHLAND – CHRISTLICH und nicht ISLAM!!!!!!!!!!!!!!

Für den gesunden Gebrauch von Satzzeichen sowie dudengerechter Nutzung von Groß- und Kleinschreibung sind wir weniger zuständig, das übernehmen die Kollegen von Hooligans Gegen Satzbau. Aber was man kurz und bündig auf diese Bullshit-These antworten kann: Das Zipfelmännchen bei Penny ist kein Ersatz für den Weihnachtsmann. Der Weihnachtsmann bleibt unangetastet.

Selbst bei Penny kann man nur noch den Kopf schütteln, und so las man auf der Firmen-Facebook-Seite immer wieder geduldige Antworten:

> PENNY Liebe Claudia, wir gratulieren zur Entdeckung eines alten Hutes. Das Zipfelmännchen ist und bleibt eine Schokoladenfigur, die zur Sortimentserweiterung bereits vor Jahren aufgenommen wurde. Der Weihnachtsmann bleibt weiterhin unangetastet an seinem prominenten Platz in unseren Märkten. Im Zeitalter von Schoko-Bären, Schoko-Autos oder sogar Ü18-Artikeln aus Schokolade ist jeder Versuch einer politischen Vereinnahmung völlig absurd und mindestens genauso hohl wie eine Schokoladenfigur 🙂
>
> Liebe Grüße vom PENNY Team
>
> Gefällt mir · Antworten · 337 · 4. Dezember um 22:41
>
> 15 Antworten · 5 Min

PENNY Liebe Kommentatoren, auch wenn wir der "Zipfelmann-Kritik" nur mit Unverständnis begegnen können, müssen wir trotzdem darum bitten, im Rahmen der Netiquette nicht offenherzig persönlich beleidigend zu werden. Es wäre toll, wenn wir nicht löschend eingreifen müssen.
Liebe Grüße vom PENNY Team
Gefällt mir · Antworten · 9 · 37 Min

Screenshot der Penny-Facebookseite

Vorwürfe, Vorwürfe, Vorwürfe! Unser Rat an all die Menschen, die überall Islamisierung wittern und offenbar zu viel Zeit haben: Zur Weihnachtszeit soll Kekse backen ein tolles Hobby sein!

Exakt diese drei Beispiele

Es waren diese drei aufgeführten Beispiele, die wir zum Bullshit-Tripel zusammenfassten. Bildchen, die zur Vorweihnachtszeit so manchen Newsstream auf Facebook bevölkerten. Dieses Tripel verursachte eine Menge Schmerzen: Vor Wut bei jenen, die ernsthaft glaubten, ihre Kultur sei in Gefahr, und bei allen anderen schmerzte der Kopf vor lauter Auf-den-Tisch-Gekloppe.
Und um Euch nun vor Letzterem zu schützen, verlassen wir nun den Bereich der Bullshit-Bilder, zumindest den Bereich jener, die ernsthaft Beulen an der Stirn hinterlassen können.

Keine Ortsangabe, keine Zeitangabe, klingt jedoch irre wichtig: Hier ist immer Skepsis angebracht. Fehlende Quellenangaben lassen immer Zweifel an einer Aussage aufkommen.

Ebenso sollte man kleinen Grafiken, die keine Quellen nennen oder wie eine gefühlte Wahrheit erscheinen, skeptisch gegenüberstehen. Lass Dich nicht von ein paar Quadratpixeln zu einer Meinung hinreißen, sondern prüfe, ob die Aussage stimmt.

Urbane Legenden können manchmal allein aufgrund ihrer stetigen Wiederholungen wahr wirken, dennoch sind es Legenden! Wenn offizielle Stellen wie Polizei oder städtische Behörden einer Information widersprechen, dann kann man davon ausgehen, dass diese Information eine Falschmeldung ist, die man besser nicht selber verbreiten sollte.

KAPITEL 2

WENN BILDER FALSCHE GESCHICHTEN ERZÄHLEN

Bullshit-Bilder sind die eine Sache. Sie sind komplett konstruiert, Bild und Botschaft stimmen überein, auch wenn die Botschaft so einige Male Mist ist. Blöd wird es, wenn Bullshit-Bilder und Botschaft inhaltlich und optisch nicht mehr zueinander passen. Wenn also die Geschichte, die einem Bild unterlegt ist, rein fiktiv ist und nichts mit dem Ausgangsbild zu tun hat, dann ist das ärgerlich.

Wenn die ganze Show nun mit Kinderbildern funktioniert, mit denen eine Mitleidsmasche bedient wird, dann sind wir in einem likegeilen Bereich angekommen, der einfach nur nervt. Wenn Du nun denkst, dass niemand auf so einen Unsinn hereinfällt, dann hast Du Dich getäuscht! Denn es sind exakt diese Mitleidsbilder von Kindern, die wirklich um die Welt gehen.

SPENDET FACEBOOK FÜR EINEN LIKE?

Es war der 10. Januar 2012 als wir auf unserer Seite das erste Mal über das Baby mit dem angeblichen Krebsgeschwür berichtet haben. Mittlerweile schreiben wir das Jahr 2016, und über vier Jahre später hat sich nichts daran geändert. Menschen auf Facebook sind immer noch der Meinung, dass diesem Kind geholfen wird, wenn man unter dem Bild »Gefällt mir« drückt. Denn ein jeder scheint ja zu wissen:

»Dieses Baby hat Krebs und Facebook spendet pro Share 3 Cent.« Ja ne, is klar. Und zu Ostern gibt es von Facebook ein echtes Osterei. Und zu Weihnachten einen Keks, einen Keks vom Zipfelmann.

Natürlich wirkt das Bildmotiv aufrüttelnd, niemand wünscht einem solch jungen Wesen Leid oder Krankheit. Nur muss man dem kleinen Samuel Ettore keine schlimme Krankheit andichten, die er gar nicht hat. Oh, ich vergaß vorzustellen! Gestatten: Ettore, Samuel Ettore. Das ist der junge Mann auf dem Bild. Samuel hatte nie Krebs, sondern es handelt sich bei seinem Geschwür um einen Blutschwamm, der bereits erfolgreich operiert wurde. Also nicht lange nach der Aufnahme des Bildes. Entgegen sämtlicher Spekulationen und Behauptungen auf Facebook, dass es sich um ein angeblich totes Baby handle, erlauben wir uns mitzuteilen, dass der Junge lebt und mittlerweile circa 12 Jahre alt ist.

So mancher mag sich fragen, »Verdammt, woher wissen die das nur?« Das liegt ganz einfach daran, dass wir die Familie des Jungen gefunden haben und ein Interview mit Samuels Mutter führen konnten. Die Mutter heißt Hope Ettore, von ihr erfuhren wir, dass Samuel adoptiert wurde. Die Familie hat vier eigene und zwei adoptierte Kinder. Samuel stammt aus Vietnam, und die Familie Ettore ließ ihn kurz nach der Adoption operieren und den Blutschwamm entfernen. Er musste sich mehreren gesichtschirurgischen Operationen unterziehen und bekommt auch heute noch Laserbehandlungen. Wohlgemerkt: ohne finanzielle Unterstützung von Facebook, denn die ganze Geschichte um die Unterstützung bei der Abgabe eines Share ist natürlich frei erfunden.

Wer an dieser Stelle über Samuels Adoptiveltern schimpft, und sich fragt, warum sie überhaupt so ein Foto ins Netz stellen, dem sei gesagt, dass sie an dieser Sache völlig unschuldig sind. Sie haben das Bild nicht hochgeladen, sie haben das Bild nicht einmal aufgenommen. Nach Aussage von Hope Ettore muss der Veröffentlichende wohl irgendjemand aus dem Umfeld des Waisenhauses in Vietnam sein, in dem das Foto aufgenommen wurde. Seine Eltern waren noch nicht einmal im Besitz des Fotos.

Ärgerlich für die Familie Ettore: Sie werden auch weiterhin immer wieder ihr Kind in Verbindung mit einer aberwitzigen Falschmeldung auf Facebook sehen müssen. DAS ist wirklich unfair.

LIKE UM DEIN SEELENHEIL!

Dass er im realen Leben nicht allein ist, haben wir ja glücklicherweise herausgefunden. Aber Samuel hat viele virtuelle Leidensgenossen, deren Fotos in Netzwerken umhergereicht werden, damit schön viele Likes und anteilnehmende Kommentare erzeugt werden.

Über solch likegeile Spendenaufrufe kann man ja manchmal noch mit einem Lächeln hinwegklicken, jedoch andere Aufrufe sind einfach nur dämlich:

»Like wenn du gegen Kinderschläger bist …«

Ernsthaft? Bedeutet es nun, dass man Kinderschläger toll findet, wenn man kein Like hinterlässt? Das klingt schon fast wie moralische Erpressung und nach einem Fingerzeig wie:

»Der da hat nicht gelikt, der da ist ein böser Mensch und sollte sich was schämen!«

Um genau diesem Fingerzeig aus dem Weg zu gehen, werden solche Aufrufe auf Facebook hoch- und runtergelikt. Ob das Bild, das man da fröhlich und moralisch integer vor sich hin teilt auch der Wahrheit entspricht, interessiert nur selten. Eines dieser Bilder ist zum Beispiel das Folgende: Der Körper des Kindes, der, so macht es zumindest den Eindruck, mit blauen Flecken übersäht ist.

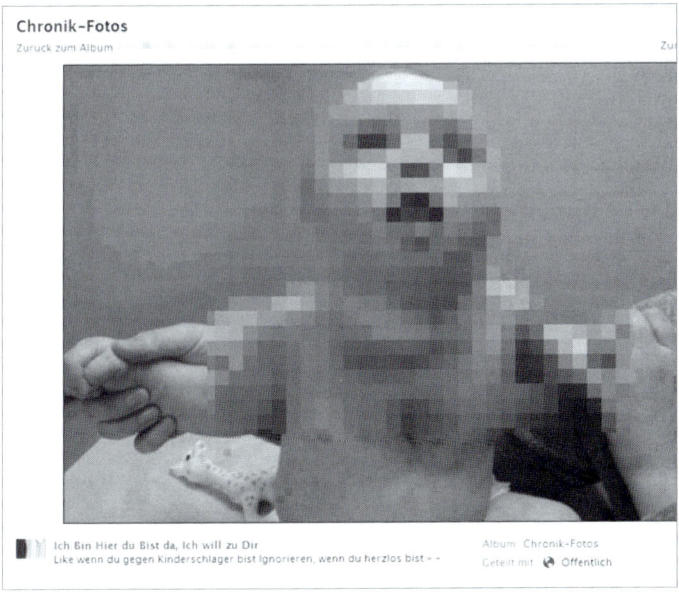

Als Statusbeitrag wurde geschrieben »*Like wenn du gegen Kinderschläger bist Ignorieren, wenn du herzlos bist –.-*«

Das kann doch kein aufrechter Internetnutzer auf sich sitzenlassen und daher glühen die Likebuttons bis zur Kernschmelze. Und, wenn es auch nicht gefordert ist, man kann sich ja zumindest noch darüber empören, wie man ein kleines Kind so zurichten kann. Daher kommentieren Facebooknutzer was das Zeug hält:

> Wenn ich solche Bilder sehe denke ich mir immer, wie kann Man den nur unschuldige Kinder so quälen Vorallem wird es , egal was es ist, nicht besser ! –.-

> Derjenige der das getan hat, müsste tagelang gequält werden bis er um seinen eigenen Tod bettelt. Dann wieder erholen lassen und das ganze wieder von vorne starten. Immer und immer wieder.

Was den empörten Zeitgenossen vielleicht gar nicht in den Sinn kam: Das Baby wurde NIE misshandelt!

Wieder einmal wurde hier ein Bild mit einer falschen Geschichte veröffentlicht. Das Baby heißt Casen Buswell (scanne QR-Code, um zu ihrem Twitter-Account zu gelangen). Casen leidet an einer Krankheit die sich »Glomuvenöse Malformation« nennt. Die Glomuvenösen Malformationen (GVMs) sind hereditäre Gefäßfehlbildungen und gekennzeichnet durch kleine, multifokale, bläulich-purpurne, venöse Läsionen der Haut. Casen hat sogar einen Twitteraccount! Ok, nicht wirklich er, sondern seine Eltern haben diesen eingerichtet, um Casens Entwicklung zu dokumentieren und um Spenden für die Operation zu sammeln, die nur in Belgien möglich ist: Die Familie hat damals wirklich Spenden angenommen, aber nicht durch Facebook-Klickaktionen.

Und wieder mal hat sich gezeigt: Seitenbetreiber, die solche Bilder erkrankter Kinder und leidender Tiere mit erfundenen Geschichten veröffentlichen, sind nur auf »Likes« aus.

DIE GESCHICHTE VON KATIE ANN GUTTRIDGE

Kennst Du Katie Ann Guttridge? Den Namen vielleicht nicht, aber ihr Gesicht ist bereits recht häufig auf Facebook aufgetaucht. Begonnen hat alles im Jahr 2011. Damals schrieb eine Userin, dass dieses kleine Mädchen angeblich von ihren Eltern geschlagen wurde. Dazu der bereits obligatorische Satz: »Like & Teile es, wenn du gegen Missbrauch bist« (scanne den QR-Code, um zu der Meldung auf Facebook zu gelangen).

Na ja, jetzt nicht wirklich auf Deutsch, sondern sinngemäß so wiedergegeben. Denn wir müssen an dieser Stelle erwähnen, dass Katie Ann Guttridge aus England stammt. Wir haben kein Diplom in Zauberei oder Hellseherei, sondern das lässt sich mit den richtigen Suchbegriffen im Internet problemfrei herausfinden.

Im Laufe der Jahre tauchte dieses Bild immer wieder auf Facebook auf, bei jedem Erscheinen trug es Titel wie »Teile dies, wenn du gegen Gewalt an Kindern bist …«. Wieder wird die Mitleidsschiene gefahren – und sie wirkt: Katie ist auf Facebook das Sinnbild für Kindesmisshandlung geworden. Und das, ganz ohne von ihren Eltern misshandelt worden zu sein. Das ist extrem unfair, gerade gegenüber ihren unbescholtenen Eltern.

Die Wahrheit zu Katies Facebookschicksal ist: Das Bild wurde bereits im Jahre 2011 von der Webseite der »MailOnline« kopiert und in Umlauf gebracht. Jedoch war Katie nicht etwa in der Zeitung, weil ihre Eltern die Kontrolle verloren und sie verprügelt hätten. Nein, Katie wurde 2011 im Kindergarten von einem anderen, damals auch zweijährigen Mädchen mit dem Spitznamen Chucky geschlagen und verletzt. Chucky dürfte ein sehr gewalttätiges Kind gewesen sein, denn solche Vorfälle mit ihr gab es damals immer wieder. Katie schaffte es (leider) jedoch damit in die Medien in England und in der Folge vollkommen sinnverfremdet auch auf Facebook. Was aus Chucky geworden ist, weiß man nicht. Aber Chucky und Katie sind mittlerweile beide über 7 Jahre alt. Wer weiß, vielleicht sind sie ja Freundinnen?

OMG! BILL GATES VERSCHENKT GELD!

Und da wundert man sich, warum Außerirdische immer noch nicht die Erde besucht haben! Wahrscheinlich sind die kleinen grünen Männchen innerlich zerrissen: Auf der einen Seite würden sie uns ja gerne besuchen, sind aber bei der Beobachtung von kompletter Hirnabgabe beim Facebook-Login abgeschreckt worden. Auf der anderen Seite halten sie aufgrund dieser intelligenzfreien Verhaltensweisen seiner Bewohner eine kinderleichte Invasion des Erdballs für möglich, sind sich jedoch nicht ganz sicher, da man dort ja zwischendurch auch intelligenteres Leben beobachtet hat.

Jedenfalls verschenkt Bill Gates kein Geld, nur weil irgendjemand auf einer Facebook-Seite ein »Gefällt mir« hinterlässt oder diese gar teilt und sich in seinem Freundeskreis dadurch lächerlich macht. Nein, natürlich nicht. Mal wieder geht es einigen Seiten und Nutzern darum, mit möglichst simplen Tricks eine maximal hohe Anzahl an Likes zu bekommen. In dieser Version (scanne den QR-Code, um zu der Facebook-Meldung zu gelangen) musste Microsoft-Gründer Bill Gates für einen solchen Fake herhalten, und anscheinend gibt es tatsächlich wieder Nutzer, die an solch ein »Wunder« glauben. Innerhalb von nur drei Tagen waren knapp 500.000 Menschen davon überzeugt, von Bill Gates 5.000 Euro zu bekommen, nur weil sie auf »Teilen« geklickt haben.

Doch woher stammt das Bild tatsächlich, und was war ursprünglich auf dem Zettel zu sehen? Dieses Bild wurde am 11. Februar 2013 im Rahmen eines AMA (Ask me anything) aufgenommen, als Nutzer von Reddit (www.reddit.com) Bill Gates beliebige Fragen stellen konnten. Es diente als Echtheitsbeweis dafür, dass wirklich Bill Gates die Fragen beantwortet. Die ursprüngliche Aufschrift des Textes auf dem Bild lautet »Hi! Reddit! This is Bill Gates«. Es haben sich etliche Spaßvögel kreativ mit dem Bild auseinandergesetzt und einige lustige Varianten erstellt, die den ursprünglichen Schriftzug ersetzen. Eine von diesen ist das links abgebildete Schenkungsversprechen.

ES IST NICHT ALLES FAKE!

Denn es gibt sie doch – die Klickaufrufe, bei denen tatsächlich jemand spendet. Fatal: Wer ständig mit falschen Klickaufrufen konfrontiert wird, glaubt irgendwann gar nichts mehr. Blöd, ist aber so. Als dann UNICEF 2014 nach der altbekannten Click-to-donate-Manier zum Spenden aufrief, glaubten es natürlich viele nicht, wurde doch mit solchen und ähnlichen Aktionen bereits oftmals Schindluder betrieben.

Screenshot der UNICEF Facebookseite

Eine »Familie aus Süddeutschland« spendet für jedes »Like« einen Euro und jedes »Teilen« zwei Euro an UNICEF. Na, das klingt wirklich nicht viel anders, als die ganzen fadenscheinigen und likegeilen Fake-Aufrufe.

Aber in diesem Fall ist das Ganze wahr. Oder besser gesagt: Es WAR wahr. Die Aktion ist nämlich beendet, da das Spendenbudget längst ausgereizt wurde.

In einem Statusbeitrag wurde am 2. Dezember 2014 mitgeteilt:

HELFEN KANN SO EINFACH SEIN!

55.000 € erreicht! Wir sind überwältigt. Innerhalb weniger Stunden habt Ihr nicht nur den Spendentopf ausgeschöpft, sondern noch einen draufgelegt.

Unsere großzügige Spender-Familie hat den ursprünglich vorgesehenen Spendentopf von 40.000 € um 15.000 € erhöht und freut sich riesig über euer Engagement!

Bitte habt Verständnis, dass sie hier namentlich nicht genannt werden will. Wir können euch versichern, dass die Spende dort eingesetzt wird, wo sie am dringendsten gebraucht wird z. B. für Flüchtlingskinder in Syrien und Nordirak oder für Bildungsprojekte in Krisengebieten.

Wir bedanken uns bei allen, die fleißig geliked und geteilt haben!

Ja, richtig! Ein Spendenbudget. Letztendlich kann man auch diese Aktion in das Fach »PR« stecken, denn die Spendensumme von 55.000 Euro wäre vermutlich so oder so geflossen. Um jedoch ein wenig öffentlichkeitswirksamer zu arbeiten, hat man sich für den Click-to-donate-Weg entschieden. Erfolgreich. Denn am Ende ist durch die Klickerei nicht nur der rein numerische Betrag zusammengekommen, sondern darüber hinaus wurde die Aktion zum erfolgreichen Coup viralen Marketings. Gerade WEIL eben die meisten ähnlichen Aktionen frei erfunden sind, hinterlegten die Erfinder dieser Aktion höchstwahrscheinlich bewusst dieses – den Fakespendensammlungen abgeschaute – Muster, das eine hohe Beteiligung und virale Verbreitung sehr wahrscheinlich machte. Der Plan ging auf und wurde zum seltenen Fall von »kein Fake« bei einer Klickspendenaktion.

Clicktivism – Gutes Gewissen per Mausklick

Warum machen Menschen bei diesen Klickaufrufen mit? Welches Phänomen steckt dahinter? Das lässt sich beantworten, denn es hat einen Namen: Clicktivism, oder eingedeutscht Klicktivismus, ist ein Phänomen, welches sich speziell in sozialen Netzwerken stark verbreitet hat und für viele schon zu einer Selbstverständlichkeit geworden ist.

Für die Älteren unter uns: Klicktivismus ist eine digitale Variante der Montagsdemonstrationen. Nur ohne Montag. Und ohne auf die Straße gehen zu müssen. Und ohne großes Risiko für die eigene Person.

Innerhalb sozialer Netzwerke hat ein Klick natürlich eine enorme Reichweite und mit gut platzierten, sauberen Informationen lässt sich eine große Menschengruppe mobilisieren, die sonst nie von einer Problematik erfahren hätte. Sei es bei Twitter oder auch bei Facebook: Mit nur einem Klick kann man Nachrichten verteilen oder Solidarität bekunden. Auch Petitionen lassen sich so teilnehmerstark unterzeichnen – Organisationen wie Change.org und Avaaz.org finden aufgrund der Einfachheit des Teilnehmens starken Zulauf.

Die Kehrseite der Medaille: Leider führt Klicktivismus auch schnell zu einem Stillstand in der Unterstützung. Das Grundproblem: Die Unterstützung endet beim Klicktivismus meist bei dem unaufwändigen Klick, dem abgegebenen Kommentar oder der geteilten Botschaft. Echter Aktivismus ist aber selten die Folge. Auch bei den reißerischen und gefakten Mitleidsaufrufen scheint die Befriedigung per Like-Klick zu kommen, hat man doch etwas bewirkt. Und das auch noch bei persönlich niedrigem Einsatz. Gleichzeitig sehen andere direkt, dass man geklickt hat – und schon steht man damit vor den Augen der Cyberwelt als guter Mensch da. Dass man dort einer absichtlich verteilten Lüge aufgesessen ist, mögen sich viele Klicker gar nicht ausdenken.

Klicktivismus ist auch das Ergebnis sozialen Drucks: *»Like, wenn du gegen Kinderschläger bist Ignorieren, wenn du herzlos bist.«* haben wir gerade noch gelesen, als es um Casen Buswell ging. Diese und ähnliche Beiträge bekommen Facebooknutzer immer wieder zu Gesicht. Gespielt wird mit einem dramatischen und berührenden Bild, das indirekt jene zu beschimpfen scheint, die vernünftig genug sind, sich nicht auf derartige Provokationen einzulassen. Ein Like auf ein solches Bild bewirkt letztendlich rein gar nichts, außer dass vielleicht für andere die eigene Glaubwürdigkeit infrage gestellt wird.

Es sollte auch noch erwähnt werden, dass bei jedem Klick zu einer der genannten Aktionen immer ein Stück der eigenen Daten preisgegeben wird. Sei es der eigene (Account-) Name bei Like-Bekundungen, Informationen an versteckte Werbeanalysen oder unbedacht getätigte Einträge in Listen, die mit reißerischen Titeln blenden.

Facebook und die Inhalte auf Facebook leben von ihrer Dramaturgie. Menschen werden emotional mitgerissen und oft auch verführt, gewisse Inhalte zu teilen oder zu kommentieren. Tiere und Kinder sind dabei ideale Lockmittel: Anteil an einem vermeintlich schweren Schicksal zu nehmen, da können nur wenige Menschen widerstehen. Wer möchte schon daran schuld sein, dass ein kleines Kätzchen stirbt, weil man kein Like gegeben hat? Wer möchte schon dafür verantwortlich sein, dass ein todkrankes Kind keine Operation bekommt, nur weil man vergessen hat, einen Artikel zu teilen?

Letztendlich natürlich alles Bullshit, aber weltweit fallen Millionen von Menschen auf exakt diese »Trigger«, diese Reize herein.

Ein Like heilt nicht, ein Share bewahrt kein Lebewesen vor dem Tod. Das sollte man immer im Hinterkopf behalten.

Man kann sich schon fast in Ehrfurcht vor diesem Kunstwerk aus Versalien, Sonderzeichen und Rechtschreibfehlern verneigen. Und gleich vier Südländer, die darin sitzen! Nur wenige Warnmeldungen kamen an die Qualität dieses Meisterwerkes heran, das in seiner Perfektion zum Vorbild für weitere irrsinnige Warnmeldungen wurde. Wenn Du schon auf Facebook dramatisch warnen willst, dann bitte mit Großbuchstaben, vielen Sonderzeichen und Rechtschreibfehlern. Und so allgemein, wie möglich, damit sich schön viele Leute davor fürchten und selbst diese Warnung verteilen.

Eine andere Warnung stammt aus dem Jahr 2013 und dreht sich um einen weißen Transporter, in dem angeblich zwei Männer sitzen, die Kinder in den Wagen ziehen wollen. Es gab sogar ein Foto unter dieser Warnung, welches »einen ähnlichen« weißen Lieferwagen darstellen sollte.

BITTE TEILEN!!!!!!!!

ACHTUNG ACHTUNG !!!!!!
TRANSPORTER IN LEVERKUSEN
2 MÄNNER VERSUCHEN KINDER
IN DEN WAGEN ZU ZIEHEN
Alle TEILEN bitte

Heute Nachmittag Stand an der Deichtor Strasse ., in Rheindorf ....Ein ähnlichen Transporter siehe Bild und wartete vor der Gesamtschule..

Als dann meine Nichte aus der Schule kam folgten sie ihr und mit diesem fast ähnlichen Transporter und sie lief dann los......Als einer von denen dann aus dem Transporter ausstieg rannte meine Nichte dann los sie lief in der Deichtor Strasse . in eine Seitengasse ,wo sie dann direkt auf eine Alte Dame zu lief ca.60-65 Jahre Alt die alte Dame fragte die Männer was sie von dem Mädchen wollen? Einer antwortete dann das geht sie nichts an die Alte Dame sagte dann das sie die Polizei ruft und dann setzte er sich in den Transporter und sie fuhren davon .Die alte Dame brachte meine Nichte dann zum Bus und sie stieg ein unter schock sah sie aber hinten aus dem Bus und sah das sie ihr Folgten vor Angst drehte sie sich aber nach vorne und wollte nur noch nach Hause ....ICH BITTE EUCH UM EURE MITHILFE BITTE ALLE DIE AUGEN AUFHALTEN NACH DEM WAGEN UND AN JEDER SCHULE.....BITTE DANN BEI DER POLIZEI MELDEN ,SOLLTEN SIE IRGENDWAS BEMERKEN.....

Zumindest die Bildquelle dieses »ähnlichen« weißen Transporters konnte man recht zügig ausmachen: Das Bild, das in keiner Verbindung zu der Warnmeldung steht, ist der weiße Transporter, mit dem der Leichnam der Sängerin Whitney Housten kurz nach ihrem Tod zum Flughafen überführt wurde.

Alles Weitere klärte die Polizei Köln auf, die uns recht ausführlich auf unsere Anfrage antwortete:

SEHR GEEHRTER HERR [MIMIKAMA],

im Raum Köln/Leverkusen erreichten uns ebenfalls diese Hinweise auf einen Lieferwagen, aus dem heraus Kinder angesprochen werden sollen.

Diese Fälle werden von uns ernst genommen und verfolgt, wie jedoch auch bei der bereits Ende 2011 erkannten »Welle«, konnten bei den aktuellen Hinweisen keine strafrechtlich relevanten Erkenntnisse erlangt werden.

Im Wesentlichen satteln vermutlich verschiedene Personen auf die üblichen Facebook Veröffentlichungen auf.

In den wenigen Fällen, in denen persönliche Beobachtungen/Erfahrungen an die Polizei übermittelt wurden, konnte kein strafbares Handeln erkannt werden, die Personen wurden nicht angesprochen, wahrscheinlich nur zufällig waren die Begegnungen mit einem weißen Transporter, in keinem der Fälle ist es zu einem Kontakt gekommen.

Wir gehen davon aus, dass es sich um eine »Hysterie« aufgrund eben der einfachen Verbreitungsmöglichkeiten, in Verbindung mit dem üblichen Hinzufügen eigener Vorstellungen handelt.

Als grundsätzlicher Hinweis der Polizei bleibt davon unabhängig natürlich: Nie zu Fremden ins Fahrzeug steigen oder mit Fremden mitgehen!

Im Zweifel über die 110 Hilfe rufen und die Beobachtungen mitteilen!

Mit freundlichen Grüßen ________________
M. H., KHK
Polizeipräsidium Köln

Diese Beobachtung wurde in der Tat niemals bestätigt, den weißen Lieferwagen, mit dessen Hilfe angeblich Kinder in Leverkusen entführt werden sollten, hat es wohl nicht gegeben. Aber die Geschichte ist beispielhaft! Kinder und Tiere sind die beliebtesten Inhalte emotionaler Falschmeldungen. Hier ackern die Falschmelder und Internetmärchenerfinder immer auf fruchtbarem Boden. Denn sie wissen: Gefahr für Kinder oder Haustiere appelliert an den Beschützerinstinkt der Leser, die anschließend genau das machen, was sich die Verfasser wünschen: ihre Geschichten weit verteilen.

Die Schuld ist dann nicht bei denen, die weiterverteilen zu suchen, denn diese handeln nach bestem Wissen und Gewissen und auch mit der Absicht, zu schützen und Gutes zu tun. Fatal ist leider, dass die im Umlauf befindliche Menge an Fakes immer das Risiko birgt, dass irgendwann einmal eine echte Meldung dazwischen ist, die dann auch als Lüge abgetan wird.

Man kann letztendlich immer nur dazu raten, vor dem Teilen von Facebookmeldungen nachzudenken und die Inhalte kritisch zu hinterfragen. Wenn man in einer Region wohnt, die in einer Meldung wie dieser erwähnt wird, sollte man bei der Polizei fragen, ob es sich um einen wahren Sachverhalt handelt.

UND EWIG FÄHRT ER DURCH EUROPA: DER HUNDEFÄNGER

Er ist mit Fug und Recht der wohl berühmteste aller Transporter: Der weiße Lieferwagen mit dem Kennzeichen 7465 CGF.

Bei seinen Passagieren dürfte es sich um Männer handeln, die nach Metall- und Wertgegenständen Ausschau halten –, aber nicht nach Hunden. Und vor allem ist an dieser Stelle zu erwähnen, dass dieses Bild bereits seit vier Jahren im Umlauf ist! Wir können uns nicht vorstellen, dass diese alte Schüssel noch immer die Straßen unsicher macht.

Besucherbeiträge

hat ein Foto in Zuerst denken - dann klicken!s Chronik geteilt.
14 Std

der weiße la Montag, 1. Februar 2016 um 17:22 etaucht:

https://www.facebook.com/photo.php?fbid=684896838288191&set=a.204524049658808.42400.100003036427207&type=3&theater

ACHTUNG!!!!!!!!!!!!!!!!!
DIESES MISTPACK STIEHLT UNSERE HUNDE FUER HUNDEKÄMPFE RUND UM EUROPA.... BITTE TEILEN!!!!!
, das nummernschild ist auch lesbar wenn man auf das foto klickt, bitte ÜBERALL, AUCH IN GRUPPEN TEILEN

Dieser Transporter ist jedoch wirklich aufgefallen, und das bereits 2012! Eine norwegische Webseite berichtete am 11. Juli 2012, die norwegische Polizei warne die Bevölkerung vor einem weißen Lieferwagen mit spanischem Kennzeichen, in

dem zwei osteuropäische Herren säßen, die auf der Suche nach Altmetall sind. Die Polizei merkte an, dass die beiden vielleicht nicht nur Metalle suchen, sondern eventuell auch persönliche Wertgegenstände. Schaut man die beiden Fotos genauer an, kann man in der Tat erkennen, dass es sich hier um genau das Fahrzeug aus der oben zitierten Hundfänger-meldung handelt.

Politiet Stoppet onsdag Etter Nachmittag etterlyste varebilen Foto Thomas Wallerud Fosse

Varebilen Stoppet av Polizei t - fikk kjøre videre

Politiet fant gen straffbare forhold

Anita Jacobsen Piepsen Skriv ut Tipps venn

Screenshot der norwegischen Webseite indre.no (www.indre.no/lokale-nyheter/advarer-mot-denne/s/1-65-6144527)

1. Der Fahrer trägt denselben Pullover.
2. Das Auto hat auf der rechten Seite den gleichen Schaden.
3. Vorn befindet sich ebenfalls ein »Hufeisen«.
4. Obwohl das Kennzeichen auf der norwegischen Seite verpixelt ist, denken wir, dass dieses ebenfalls identisch ist.

Das Bild des Transporters mit dem spanischen Kennzeichen sowie auch das hartnäckige Gerücht, dass mit dessen Hilfe Hunde quer durch Europa gestohlen würden, hält sich seit dem Jahre 2012. Wenn man nun genau hinschaut, wie angeschlagen dieser Kübel ist, wird man stark davon ausgehen können, dass dieser Transporter den letzten spanischen TÜV (die Inspection Technica de Vehiculos) wohl eher nicht überstanden hat. Jedoch ist er wahrscheinlich der berühmteste Vertreter der verbrecherischen Weiße-Bulli-Zunft.

DIE ORGANMAFIA – EIN FAKE VERBREITET ANGST

Es gibt lediglich einen weiteren weißen Transporter, der dem Hundefänger das Wasser reichen kann: Im Folgenden geht es um den Hoax aller Hoaxe, den Bundeshoax schlechthin, die Falschmeldung, welche mit Staatsgewalt bekämpft werden musste. Und auch die dramatischste aller Hoaxmeldungen. Allein dieses Wort »Organmafia« versetzt Hundertschaften von Facebook-Nutzern in Angst und Schrecken. Immer wieder konnte man das Wort »Organmafia« lesen. Ständig erschienen auf Facebook schockierende Meldungen zu entführten Kindern in Kauf- und Möbelhäusern verschiedener

Art, welche natürlich ALLE falsch waren. Selbst die Polizei musste Mitteilungen veröffentlichen, welche diese Stories als »Räuberpistole« bezeichneten.

Die Vorgeschichte

An einem lieblichen Frühjahrstag Ende März 2014 begann das wahre Grauen auf Facebook: Die erste Warnung vor der »Organmafia« erschien und verbreitete sich speziell in Duisburg und Essen.

> ***** ACHTUNG ACHTUNG ACHTUNG ******
>
> Bulgarische & Rumänische Organmafia jetzt auch in Deutschland auf der Jagd nach Kindern und Jugendliche.. Entführungen bereits in Duisburg und Essen.
>
> - Lasst eure Kinder, auch wenn sie zusammen spielen nicht allein.
>
> - Diese Leute nehmen sogar Kinder aus Kinderwagen heraus.
>
> - Lasst eure Kids nicht hinter euch oder paar Meter vor euch laufen.
>
> - Achtet auf ausländische Kennzeichen und Zigeuner. Am besten direkt ansprechen was die hier machen zu Abschreckung.

Wie man lesen kann, ist die Organmafia anfangs noch gesichts- und fahrzeuglos, aber das sollte sich sehr schnell ändern: Die Organmafia bekam innerhalb weniger Stunden ein Gesicht – und was noch viel wichtiger ist: einen weißen Bulli!

Denn nur wenige Stunden nach dem Erscheinen der ersten Warnungen vor der Organmafia in Essen und Duisburg erschien eine zweite, wesentlich ausführlichere Version der Warnung. Die folgende Warnung beinhaltete ein fatales Foto: zwei Herren in einem weißen Lieferwagen.

ACHTUNG !!! ACHTUNG !!!

Liebe Kollegen und Freunde,in Umgebung Essen und Duisburg werden Kinder von Organ Mafia entführt.

Am vergangene Samstag versuchten die in Duisburg 3 kleine Mädchen zu entführen,eine könnte davon kommen aber 2 werden vermisst.

Hier ist das Foto die zurzeit verdächtig sind und auch vom Polizei gesucht wird.

Bitte meldet sofort wenn ihr sie gesehen habt bevor eine der Eltern auf sein Kind trauert und mit Hoffnung auf seinen Kind wartet.

Bitte das Bild weiter teilen und weiter schicken damit sowas nicht mehr passiert.

Gott beschütze unsere Kinder.

DİKKAT !!! DİKKAT !!!

Zur Sicherheit wurde der ganze Text gleichzeitig auf Türkisch verbreitet. Auf dem Bild sieht man deutlich: die beiden Burschen sitzen in einem weißen Kleintransporter. Diese Variante der Warnung hat im Grunde das Feuer entfacht, denn im Gegensatz zu ihrem Vorläufer in Reintextform trägt sie ein Bild! Diese Warnung trägt die Macht des Bildes! Diese Warnung ist nun greifbar, der Leser hat ein konkretes Bild und kann sich nun berechtigt fürchten, zumindest gefühlt berechtigt fürchten.

Die Enthüllung

Denn im Grunde war dieser Fake binnen Sekunden aufgeklärt: Die Polizei wusste von nichts (wir haben gefragt), und das Bild wurde bereits Mitte März 2015 für einen völlig anderen Hoax genutzt:

VORSICHTIG

> Das sind Rumänen, die zurzeit in Großziethen ihre Runden drehen und Häuser ausspionieren um sie dann auszuräumen! Die Fotos hat ein Polizist in die Feldmark Siedlung diese Woche gemacht!

Halten wir fest: Exakt dieses Bild wurde zwei Wochen vorher genutzt und soll zwei Diebe in Großziethen bei Berlin zeigen, die völlig unbedarft Häuser ausspionieren und sich dabei angeblich sogar von einem Polizisten fotografieren lassen.

Klingt sehr nach völligem Unsinn, und die Polizei in Berlin Schönefeld bestätigte uns ebenso:

> Es kann derzeit kein Zusammenhang zwischen den abgebildeten Personen und Straftaten, insbesondere Wohnungseinbruchsdiebstählen, im Ortsteil Großziethen hergestellt werden. Fraglich ist weiterhin, ob der »Aufnehmende« wirklich Polizeibeamter ist. Meist wird dies zu Bildern, Textbeiträgen oder Videos vermerkt, um ihnen mehr Glaubwürdigkeit zu verleihen.

Damit wäre im Grunde die ganze Organmafiageschichte beantwortet gewesen. Woher auch immer dieses Foto stammt: Es zeigt weder Diebe in Berlin noch Organmafiosi in Duisburg und Essen. Doch Facebook wäre nicht Facebook, wenn nicht der Fake mächtiger wäre als seine Aufklärung!

Und aus diesem eigentlich einfach enthüllten Hoax sollte sich das Volksmärchen des Frühsommers 2014 entwickeln.

Die Mutation

Was danach geschah, haben wir so noch nie erlebt: Wie ein Virus mutierte und verbreitete sich die Meldung von einer Organmafia mit weißem Bulli quer durch Deutschland, ja sogar über die Landesgrenzen hinaus. Wie das funktionieren konnte? Ganz einfach: Die Ortsnamen wurden immer wieder ausgetauscht, und somit konnte sich immer wieder eine neue Region fürchten.

Nachdem der Hoax in Duisburg und Essen Ende März 2014 begann, zog er nur wenige Tage in die nächste Region weiter. So konnte man das Bild der beiden Herren auf einmal als Warnung am Bodensee lesen:

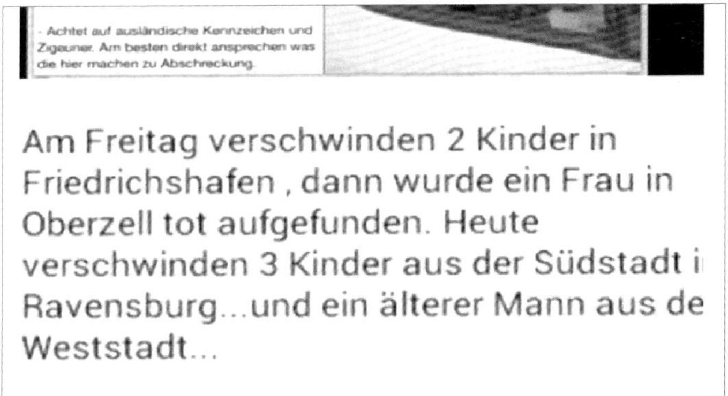
- Achtet auf ausländische Kennzeichen und Zigeuner. Am besten direkt ansprechen was die hier machen zu Abschreckung.

Am Freitag verschwinden 2 Kinder in Friedrichshafen , dann wurde ein Frau in Oberzell tot aufgefunden. Heute verschwinden 3 Kinder aus der Südstadt i Ravensburg...und ein älterer Mann aus de Weststadt...

Die türkische Version verselbstständigte sich ebenso, und so wurden auf einmal aus den zwei »Rumänen, die in Großziethen bei Berlin Häuser ausspähen« zwei Bulgaren, die in Lünen bei Dortmund im örtlichen Kaufland Kinder entführen.

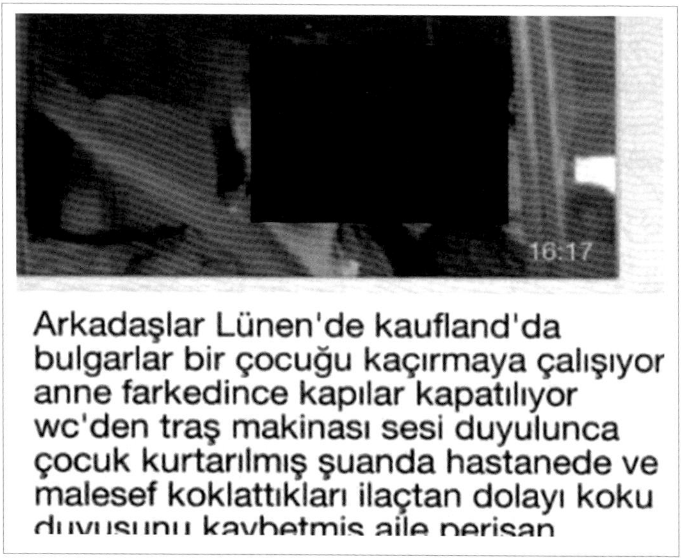

Diese beiden Meldungen tauchten etwa um den 8. April 2014 auf und waren nur der Anfang. Der Hoax um die Organmafia ging weiter! Drei Tage später erschienen die Organmafia-Brothers abermals in Bildform auf Facebook. Mittlerweile sind sie »Kräftigemänner« geworden und fahren in Bremen die Straße entlang. Sie haben sich auch eine perfide Methode angeeignet: Sie öffnen die Schiebetür des weißen Transporters und zerren Frauen herein.

Was ein Glück, dass in Bremen zumindest ein paar Deutsche in der Nähe waren, die jene Entführung verhindern konnten. Man mag sich nicht ausmalen, wenn anstatt ein paar Deutschen dort ein paar Kanadier gewesen wären. Oder Portugiesen.

Gestern in Bremen Marßel wurde eine Frau in der Lanzkronerstr
gefragt von Bulgarischen alten frau in einen kleinen Bus (Wo hier ein Krankenhaus ist die frau darauf hin hier gibs keins die BULG: Doch gibs , dann ging die schiebe tür auf von dem bus und 2 Kräftigemänner wollte die frau packen und in denn BUS stecken , die frau hat gesehen das auf der anderen straßen seite paar deutsche sind und ist sofort da hin gerannt.

Leute das ist die Wahrheit , passt auf euch alle auf & Geschwister , Teilt das Bitte weiter !!!!!!

Wahrscheinlich waren die Organmafiosi aufgrund dieser Gegenwehr so schockiert, dass sie schnell nach Mainz gefahren sind. Anders kann man sich zumindest folgende Warnung nicht erklären, die nahezu zeitgleich auf Facebook verbreitet wurde:

ACHTUNG AN ALLE

In der Innemstadt bzw. in Mainz komplett laufen eine Rumänin und eine Belgierin rum die auf der suche nach kleinen Kindern sind.

Gestern haben sie einer Mutter das Kind aus der hand gerissen und sind geflüchtet zum Glück sind Passanten direkt hinterher und konnten das Kind befreien.

Sehr wahrscheinlich Organhandel

Also passt bitte alle auf eure Kinder auf da die immer noch nicht gefasst sind

Auch teilen bitte!!!!!

Um es abzukürzen: Diese Warnungen zogen sich im April und Mai 2014 durch jede Region in Deutschland. Aufklärung war nahezu sinnlos, da man nach dem Motto »Lieber einmal zu viel, als gar nicht warnen« blindlings jede Art von Warnung teilte.

So war es am Ende die Polizei, welche nach unserer Beobachtung zum ersten Mal aktiv und großflächig auf Facebook eingreifen musste, und dem Bundeshoax 2014 Einhalt gebot. Es war die Polizei, welche selbiges Foto aufgriff und ebenso bundesweit verkündete, dass diese beiden Herren keine Organmafiosi sind und dass es sich um einen Hoax handelt. Als Beispiel für eine Vielzahl an Entwarnungen führen wir an dieser Stelle die Facebook-Statusmeldung der Polizei Stuttgart von Ende April 2014 an:

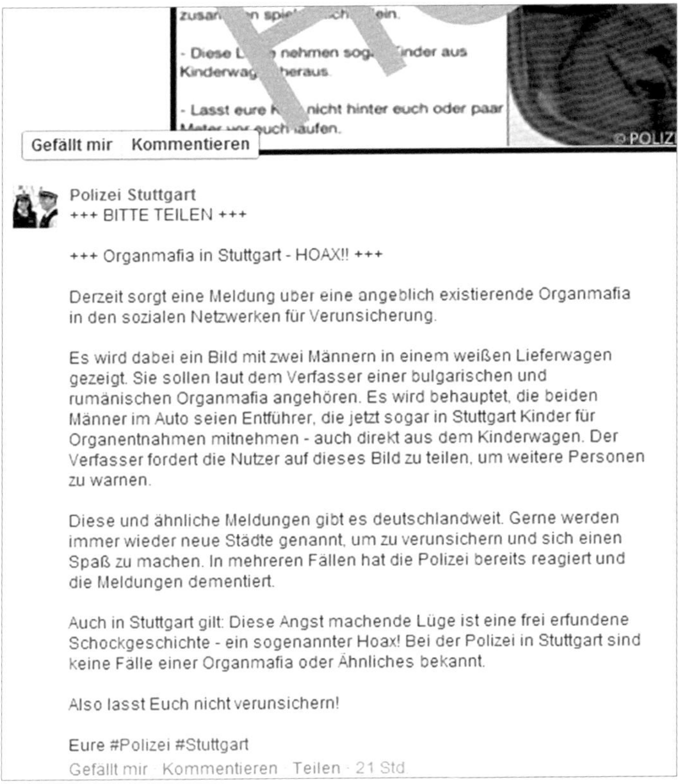

Gefällt mir Kommentieren

Polizei Stuttgart
+++ BITTE TEILEN +++

+++ Organmafia in Stuttgart - HOAX!! +++

Derzeit sorgt eine Meldung über eine angeblich existierende Organmafia in den sozialen Netzwerken für Verunsicherung.

Es wird dabei ein Bild mit zwei Männern in einem weißen Lieferwagen gezeigt. Sie sollen laut dem Verfasser einer bulgarischen und rumänischen Organmafia angehören. Es wird behauptet, die beiden Männer im Auto seien Entführer, die jetzt sogar in Stuttgart Kinder für Organentnahmen mitnehmen - auch direkt aus dem Kinderwagen. Der Verfasser fordert die Nutzer auf dieses Bild zu teilen, um weitere Personen zu warnen.

Diese und ähnliche Meldungen gibt es deutschlandweit. Gerne werden immer wieder neue Städte genannt, um zu verunsichern und sich einen Spaß zu machen. In mehreren Fällen hat die Polizei bereits reagiert und die Meldungen dementiert.

Auch in Stuttgart gilt: Diese Angst machende Lüge ist eine frei erfundene Schockgeschichte - ein sogenannter Hoax! Bei der Polizei in Stuttgart sind keine Fälle einer Organmafia oder Ähnliches bekannt.

Also lasst Euch nicht verunsichern!

Eure #Polizei #Stuttgart

Gefällt mir · Kommentieren · Teilen · 21 Std.

Screenshot der Facebookseite der Polizei Stuttgart

Woher kommt die Story um die Organmafia eigentlich?

Es gibt genau EINE Quelle, die einen solchen Vorfall in Deutschland beschreibt und die auch belegbar ist:

»Wie die Organ-Mafia Kinder ausweidet«. So lautet der Titel eines Beitrages im Berliner-Kurier. Und das zu Recht, denn es geht um eine frei erfundene Story aus dem »Tatort«

In diesem Tatort kidnappt eine Organhändler-Bande Minderjährige, um ihnen die Nieren zu entnehmen. Dieser Tatort ist eine Was-wäre-wenn-Geschichte aus dem Bereich organisierter Kriminalität. Es handelt sich also um eine hypothetische Story, die so nicht stattgefunden hat, jedoch sich sehr nah zu unseren Fakemeldungen liest. Diese »Tatort«-Episode stammt aus dem Februar 2011.

Natürlich kann man nicht ausschließen, dass es irgendwo auf der Welt Fälle von Entführungen zwecks Organhandel gibt, jedoch stellen wir deutlich voran, dass diese via Facebook verbreiteten Warnmeldungen durch und durch falsch sind! Um es mit den Worten der Polizei Gütersloh zu sagen: die »Räuberpistole entbehrt jeglicher Grundlage«

Das Ende der Organmafia?

Nein, bestimmt nicht … Auch während diese Zeilen verfasst wurden, gibt es weiterhin Warnungen vor weißen Bullis …

AN ALLE ELTERN, ACHTUNG

Es wird sehr aktuell nach Professionellen Kindesentführungsbanden gefahndet!

Freunde vom Michi konnten so eine versuchte Entführung, an der Bushaltestelle in Unterreit, beobachten!

Der Zweitklässler ist jedoch weggelaufen.

Sie sagen zu den Kindern, dass die Eltern im Krankenhaus sind und sie die Kinder dort hinfahren möchten.

Auch locken die gesuchten Personen die Kinder mit jungen Hunden und Katzen ins Auto!

Die Männer fahren in einem weißen Mercedes und sind sehr dunkel angezogen

in der Umgebung von Gars bis Wasserburg am Inn

bitte teilen und sagt allen Bescheid!

EINE DER VERRÜCKTESTEN GESCHICHTEN: »LIEBER EINMAL MEHR WARNEN ALS ZU WENIG«

Das ist, so zumindest glauben wir, die Aussage dieser Warnmeldung vor einem weiteren weißen Transporter.

*Meine lieben *****, sicher habt ihr schon mitbekommen das Kinder in **** auf den Spielplätzen angesprochen worden sind ob sie von einer fremden Frau nach Hause gefahren werden wollen dazu muss ich wohl nicht weiter mehr sagen. Wir Mütter sind alle sehr aufgeregt weil wir angst um unsere Kinder haben besonders um die kleineren, man hört es zur zeit ja leider vermehrt in den Nachrichten. Die Welt wird immer kranker. Lass uns zusammen helfen und aufeinander aufpassen!!! Gerade ha-*

be ich mit der Polizei telefoniert da mir die Tage dieser Transporter aufgefallen ist tatsächlich ist er registriert es sind Schrottsammler die recht dreist vorgehen! Sie wollten wohl letztens einen Briefkasten einsammeln der gar kein Schrott war die Polizei denkt aber nicht dass es mit den Vorfällen auf dem Spielplatz zu tun hat. Sie haben aber betont dass es gut ist wenn uns so etwas ungewohntes auffällt es der Polizei zu melden man soll sich nicht schämen weil man denkt es wäre übertrieben!!!! Die Polizei hat großes Verständnis für unsere Sorgen und hört aufmerksam zu und gehen jedem Hinweis nach also bitte wenn euch was auffällt gleich Fotos machen und sofort die Polizei anrufen!!!

Und den Transporter habe ich euch gepostet damit ihr auf eure Briefkästen aufpassen könnt

Ich bitte euch liebe Gemeinde lasst uns aufeinander aufpassen!!

Durchschnaufen – noch mal lesen …

Wer auf diese Meldung im ersten Moment nicht ganz klar kommt, braucht sich nicht schämen. Denn hier wird von Höcksken auf Stöcksken in den Inhalten hin- und hergesprungen, um letztendlich doch vor einem weißen Transporter aus Rumänien zu warnen (zu dieser Statusmeldung gehört das Foto eines weißen Lieferwagens mit rumänischem Kennzeichen). Dies spiegelt sich in den Kommentaren wieder, welche in wilde Beschimpfungen gegenüber den

Fahrern des Lieferwagens ausarten und sich wirklich ALLEN Klischees bedienen, denen sich Fahrer von weißen Lieferwagen ausgesetzt sehen.

Fassen wir also zusammen, in den Kommentaren finden sich folgende Vorwürfe:

- vermeintliche Kindesentführung an Schulen und Spielplätzen
- dubioser Schrottsammler

- Katzenfänger
- Katzenfänger als Altkleidersammler getarnt (markieren Häuser)
- Autos verschwinden in letzter Zeit
- gleich 3 Lieferwagen
- Briefkastendiebstahl

Wenn man jedoch ganz genau die Warnmeldung gelesen hat und nun schaut, wovor letztendlich gewarnt wird, so findet man nur eine wirkliche Stelle, die zur Vorsicht aufruft:

> Und den Transporter habe ich euch gepostet damit ihr auf eure Briefkästen aufpassen könnt

Jahrelang haben wir über weiße Transporter aufgeklärt. Immer und immer wieder wurden die verschiedensten Vorwürfe mithilfe der Polizei widerlegt, ja stellenweise lückenlos aufgeklärt. Aber: Die Stetigkeit der weißen-Bulli-Meldungen hat sich nicht geändert. Immer wieder taucht er auf und fährt durch die Ortschaften, immer wieder liest man Warnungen, die unbestätigt bleiben. Die Inhalte der einzelnen Meldungen vermischen sich, ergeben neue und mutierte Warnungen und manifestieren sich, ohne dass es Beweise gibt. Legitimationsgrundlage ist jedes Mal »Lieber einmal mehr warnen als zu wenig«. Doch vor was wird da manchmal eigentlich gewarnt, und was wird in die Warnung hineininterpretiert?

WELTKONGRESS DER WEISSEN TRANSPORTER IN LAS VEGAS

Sie sind Tierfänger, Organhändler, oder Menschenhändler – schlicht der real gewordene Albtraum einer jeden kleinen Vorstadtsiedlung. Die weißen Transporter. Am Wochenende treffen sie sich in Las Vegas zu ihrem Weltkongress.

Jahrelang zu einem Nischendasein verdammt, sind sie stolz, so lange durchgehalten zu haben.

> *»Wir sind mittlerweile weltweit vertreten.« berichtet G. O. Getem, der Vorsitzende des Weltverbandes stolz.*

Einen wichtigen Grund hierfür sieht er in den sozialen Netzwerken, wo früher nur hinter vorgehaltener Hand getuschelt wurde, gibt es heute wenigstens verwackelte Aufnahmen.

> »Man kennt uns, wir haben ein Gesicht, das verdanken wir unter anderem Mark Zuckerberg, ohne sein Facebook, wären wir weiterhin nur eine Randerscheinung. So aber sind wir tagtäglich mindestens einmal zu sehen.«

Weißer Transporter ist kein leichter Beruf, aber er hat Zukunft. Sie sind wie der Yeti, es gibt Sichtungen, aber keine handfesten Beweise, jeder kennt ihren Namen, kennt einen der einen kennt, der schon mal einen gesehen hat. Als weißer Transporter muss man in der Lage sein, sich am Rande der Wahrnehmung zu bewegen, auftauchen und verschwinden müssen eins sein.

»Das Schöne für uns ist, dass unsere Berufsbezeichnung schon allein ausreicht, den Menschen einen Schauer über den Rücken zu jagen. ›Weißer Transporter‹ das hat Klang, da kommen die Monster unter dem Bett nicht mit, die sind ortsgebunden. Uns gibt es überall, und unser Handeln wird einzig durch die menschliche Vorstellungskraft beschränkt. Ich hoffe nicht, dass wir eines Tages alle als Brötchenwagen enden.«

Weiße Transporter haben eine lange Tradition, sie waren als weiße Planwagen bei der Besiedlung Nordamerikas dabei und verbreiteten Angst und Schrecken auf der Prärie. An diese altehrwürdigen Vorfahren wollen sie erinnern, dies ist einer der Gründe, warum dieses Jahr das Treffen in Las Vegas stattfindet.

Zum Abschluss am Sonntag erhalten alle Teilnehmer ein falsch verpacktes iPhone 6, ein Samsung S6 Edge oder iPad, außerdem werden 3 Thermomix verlost.

In den letzten Jahren bekamen sie schon Großbild-Fernseher und Autos, aber für Letzteres hat ein echter weißer Transporter nur ein müdes Lächeln über, was ist schon ein Gewinnspielauto gegen einen echten weißen Transporter?

Der weiße Transporter. Es handelt sich hierbei um eine der am weitesten verbreiteten urbanen Legenden. Die Mär um Lieferwagen aus Osteuropa, die Katzen, Hunde und Kinder klauen, ist seit Jahren in sozialen Netzwerken anzutreffen.

Die Polizei dementiert, Nutzer hingegen beharren darauf, dass »Freunde, Bekannte oder Kollegen« diese Lieferwagen gesehen hätten und soeben noch reagieren konnten. Angaben wie »die Polizei könne nichts machen« oder »das sind Banden aus Osteuropa« sind immer recht verräterisch: Wer einen klassischen weißen Lieferwagen kennt, wird sich im Klaren sein, dass man damit nicht so einfach und ohne verdächtigen Lärm Hunde, Katzen oder Kinder transportieren kann.

Vorsicht daher vor dem Teilen solcher Informationen: Wer an dieser Stelle meint, etwas Gutes zu tun, entfacht oftmals eine unbegründete Panik und erreicht damit nur Schlechtes.

KAPITEL 4

TIERISCH ABGEDREHT

Ja, es gibt sie, die völlig absurden, abgedrehten und hoffnungslos überzogenen Meldungen auf Facebook! Sie liegen dermaßen jenseits jeglicher Glaubwürdigkeit, dass sie am anderen Ende fast schon wieder als *vielleicht doch irgendwie wahr* herauskommen. Auch Tiere bleiben davon nicht verschont.

»Hund beißt den Wutzi ab«, »Marienkäfer sind Vampire«, »Katzen im Glas« und »Wale im Beutel«? Auf Facebook gibt es das alles, aber gibt es das auch im echten Leben?

HUND ENTMANNT MANN!

In Polen soll ein Mann versucht haben, ein Kind zu missbrauchen, hatte aber die Rechnung ohne den Hund des Kindes gemacht und soll dabei seinen »kleinen Freund« verloren haben.

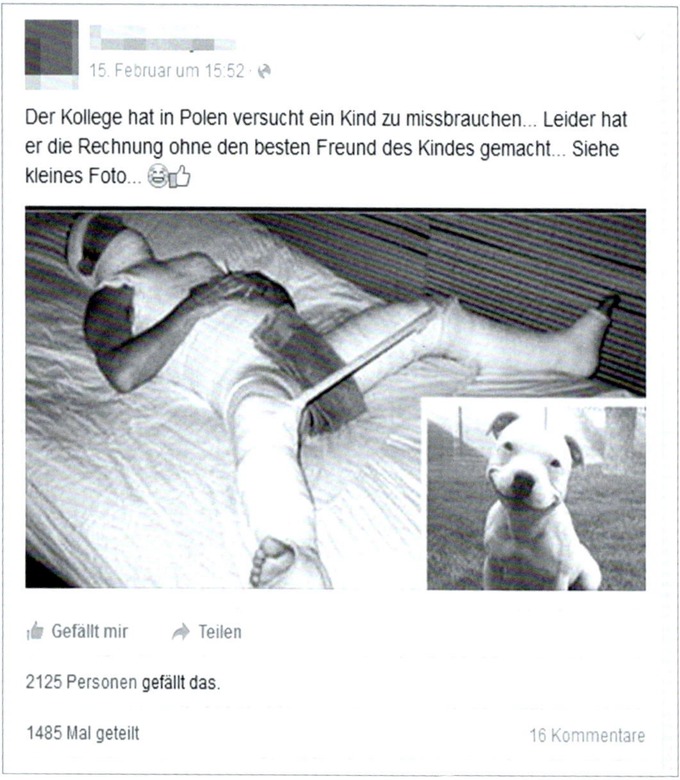

Der Kollege hat in Polen versucht ein Kind zu missbrauchen ... Leider hat er die Rechnung ohne den besten Freund des Kindes gemacht... Siehe kleines Foto...

Wie zu erwarten, wird der Hund in den Kommentaren auf Facebook als Held gefeiert, und die Likes klettern in die Höhe. Aber wie wahr ist die Geschichte?

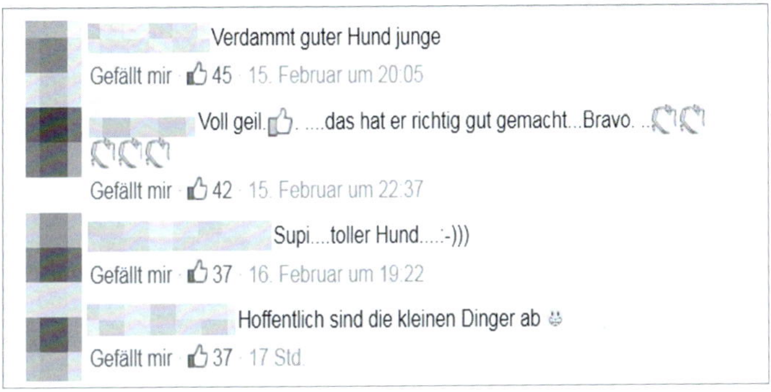

Zum Glück kann an dieser Stelle gesagt werden: Es gab keinen derartigen Missbrauchsversuch in Polen. Dementsprechend gibt es auch das beschriebene Kind nicht. Zu der bandagierten Person muss man leider jedoch sagen: JA – das Foto ist echt! Es soll einen Mann aus Miami zeigen, der versucht haben soll, einen Pitbull zu misshandeln. Das wiederum soll sich jener jedoch nicht gefallen lassen haben, und das Ergebnis ist deutlich sichtbar: Der Hund hat die Genitalien des Mannes derart zerfetzt, dass sie nicht wiederherzustellen waren. Die Polizei Miami hat Untersuchungen gegen den Mann eingeleitet.

Die ganze Geschichte findet man auf einer Seite namens thereporterz.com unter dem Titel »Man emasculated during failed attempt to rape Pit Bull«.

FLORIDA: MAN EMASCULATED DURING FAILED ATTEMPT TO RAPE PIT BULL

January 12th, 2016 | by Barbara Johnson

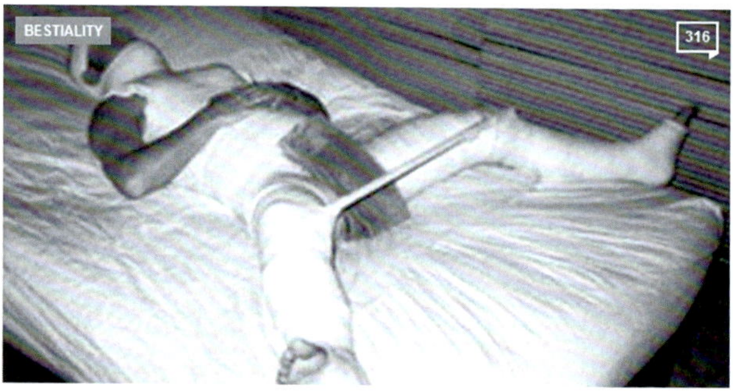

128k 543 106

Miami| A 37-year old man suffering some very serious groin injuries after being bitten by a pit bull, was admitted at the Ryder Trauma Center, this morning.

Jesus Ramon Sanchez, from the Little Havana neighborhood in Miami, was allegedly attempting to engage in sexual intercourse with a 4-year old male pit bull, when the dog defended itself by tearing off the man's genitals with its teeth.

The incident took place around 8:30 this morning, in the Allen Morris Dog Park in Miami.

Screenshot der Webseite thereporterz.com

Doch halt – wer nun Dinge wie »selber Schuld« denkt, ist einem Fake aufgesessen! Dieses Foto musste leider mehrmals für Falschmeldungen herhalten. Denn die Webseite thereporterz beruft sich auf eine andere Quelle, die sich »World

News Daily Report« nennt. Diese ist Insidern durchaus bekannt – als Satireseite! Ein Blick in den Haftungsausschluss (Disclaimer) von World News Daily Report offenbart uns:

> »..WNDR assumes however all responsibility for the satirical nature of its articles and for the fictional nature of their content. All characters appearing in the articles in this website – even those based on real people – are entirely fictional and any resemblance between them and any persons, living, dead, or undead is purely a miracle.«...

Also scheint die Geschichte mit dem vom Hund zerfetzten Wutzi doch nicht zu stimmen. Und woher kommt nun der arme Kerl auf dem Bild? Gute Frage. Bemüht man die Bildersuche im Internet, findet man das Bild seit mindestens 2011. Immer wieder findet man es im Zusammenhang mit dem etwas zotigen Witz: »Schatz, mit wie vielen Frauen hast du schon geschlafen? – Nur mit Dir Schatz, bei allen anderen war ich wach.«

Was genau dem armen Mann, der immer wieder für Witze und Hoaxes herhalten muss, tatsächlich widerfahren ist, wissen wir nicht. Es ließe sich nur von ihm selbst oder seinen Angehörigen klären, wenn es gelänge, ihn zu identifizieren.

DIE KATZE IM GLAS?

Früher hatten viele im Keller einen Raum, in dem Hunderte von Einmachgläsern standen. Das war halt früher so, man sorgte vor. Darin war quasi alles zu finden, was der Sommer so hergab: Kirschen, Birnen, Pflaumen, diverse Marmeladen, Katzen … Äähhh – Katzen?

Katzen? Nein. Wir kennen absolut niemanden, der Katzen in ein Glas stopft. Weder, um diese zu essen noch, um diese in eine spezielle Form zu bringen. Doch wer macht dann so etwas? Wer presst Katzen in ein Glas? Und vor allem: Wer kauft diese Katzen?

Screenshot Facebook

Tierschützer sind alarmiert und suchen nach dem Urheber dieser Bilder, doch wir können helfen und beruhigen: Was wir hier sehen, sind sogenannte Bonsai-Kitten. Zu Deutsch auch Bonsai-Katzen. Und direkt vorweg; es handelt sich bei diesen Katzenbildern um einen alten Hoax! Bereits im Jahre 2000 gab es eine Seite mit dem Namen bonsaikitten.com (mittlerweile inaktiv), auf der solche Bonsai-Katzen zum Verkauf standen. Angeblich würden Katzen die Behälterform annehmen, wenn man sie in ein Glas presst.

Andere Fake-Jäger im Netz haben dieses Phänomen längst beleuchtet, so haben die Kollegen von Snopes bereits vor mehreren Jahren informiert:

> When it was running (the site is no longer active), the Bonsai Kitten web site was a joke, not an actual promotion for the making of bonsai kittens. Investigations by law enforcement agencies, including the FBI, determined no real cats were harmed in the creation of the pictures used on the Bonsai Kitten web site. Signing a petition to shut down the Bonsai Kitten web site will not prevent any kittens from being harmed, because no kittens were harmed in the first place.

Hier erfährt man sogar, dass das FBI den Fall untersuchte. Es fand heraus, dass hier keine Katzen gequält wurden, sondern dass es sich um einen Scherz von Studenten des Massachusetts Institute of Technology(MIT) handelte.

Der Hoax ist jedoch nicht verstorben, obschon es die Webseite bonsaikitten.com nicht mehr gibt. Auf Facebook wird er bis heute munter weiter geteilt, und somit sind auch immer wieder Menschen irritiert.

Screenshot der Facebookseite von Bonsai-Katzen Deutschland e.V.

Daher findet man immer wieder Petitionen oder Aufrufe von Tierschützern, in denen gegen diese Art der vermeintlichen Tierquälerei protestiert wird. Ist die Katze gesund, freut sich der Mensch. Und der Facebooknutzer auch. Und der Fake-Jäger sowieso …

Doch wer nun denkt, lediglich Katzen werden im Internet in Beutel gepackt, der kennt den folgenden Fake noch nicht!

ORCAS IN PLASTIKBEUTELN?

Der Wiener schreit an solchen Stellen naturgemäß »Na Oida!«. Killerwale in Plastiktüten?

SeaWorld Employees Place Orcas In Plastic Bags Of Water While Cleaning Tanks

The Onion - America's Finest News Source

THEONION.COM

Screenshot der Webseite theonion.com

»SeaWorld Employees Place Orcas In Plastic Bags Of Water While Cleaning Tanks«(»Mitarbeiter von SeaWorld bewahren Orcas in wassergefüllten Plastikbeuteln auf, während sie das Becken säubern«)

Was ist nun davon zu halten? Zunächst fällt auf, dass die SeaWorld-Mitarbeiter äußerst groß und stark gewesen sein müssten, um einen Haushaltsgummi von diesen Ausmaßen an einem Beutel zu befestigen.

Ferner müssten die Beutel ungeheuer stabil sein, um dem Gewicht des Wassers und der Wale standzuhalten.

Wie der geneigte Star-Trek-Fan weiß, müsste eine 60 x 10 Fuß große Plexiglasscheibe eine Dicke von 6 Zoll haben, um einem Druck von 18.000 Kubikfuß Wasser zu widerstehen, in dem ein Buckelwalpärchen schwimmt. Bei der Verwendung von transparentem Aluminium würde sich die benötigte Dicke auf 1 Zoll verringern.

Eine nähere Untersuchung des Bildes bringt weitere Indizien ans Licht. Man erkennt an sich wiederholenden Wellenmustern im Becken, dass wahrscheinlich per Bildbearbeitung nachgeholfen wurde. Zudem sind die Wassertropfen an der Innenseite der Beutel im Verhältnis zum Rest des Motivs zu groß. Eine Manipulation ist hier also anzunehmen.

Eine Bildersuche nach gleichen oder ähnlichen Bilden auf Google führt zu dem erlösenden Ergebnis: Das Foto – ganz ohne Waltüten – stammt aus der Los Angeles Times.

Los Angeles Times LOCAL U.S. WORLD BUSINESS SPORTS ENTERTAINMENT HEALTH STYLE TRAVEL

L.A. NOW

SOUTHERN CALIFORNIA -- THIS JUST IN

« Previous Post | L.A. NOW Home | Next Post »

SeaWorld San Diego worked to improve safety after several whale trainer injuries

SeaWorld San Diego, which temporarily closed its Shamu whale attraction on Wednesday after the death of a whale trainer on Florida, has worked to improve safety after several incidents over the last three decades in which trainers were hurt

The first reported incident occurred in 1971, when an employee suffered puncture wounds when a whale tossed her, according to Times reports. The last reported one was in 2006, when a 33-year-old trainer was hospitalized after a killer whale dragged him to the bottom of the Shamu pool during a show.

There were a series of incidents in the mid-1980s that led to the removal of several executives at the park and new safety measures, according to Times reports.

Trainer Joanne Webber's neck was fractured June 15, 1987, during a practice session when a whale leaped into the air above her, then landed on her "with the full force of 6,000 pounds, fracturing her neck and thrusting her underwater to the bottom of a 40-foot-deep pool," according to a lawsuit she

Screenshot der Webseite der Los Angeles Times

Hier ist ein größerer Ausschnitt des Beckens zu sehen. Details wie die Zweige im Vordergrund lassen aber erkennen, dass dieses Bild Grundlage für die Fotomanipulation war.

In dem Artikel, der bereits aus dem Jahre 2010 stammt, geht es um die Verbesserung der Sicherheitsmaßnahmen in SeaWorld San Diego, wo es zu mehreren Unfällen mit Waltrainern gekommen war. Aber: Dort sind keine Plastikbeutel zu sehen – das Bild mit den Orcas ist also nicht echt.

Ein Blick auf das Impressum der Webseite, auf der die Waltüten zu sehen waren, hätte gezeigt: The Onion ist eine bekannte Satireseite. Alle Meldungen dort sind ausnahmslos erfunden.

Einen ernsthaften Hintergrund hat die Geschichte jedoch schon. Wie auch Delfinshows sehen sich besonders Vorführungen mit Orcas seit langem heftiger Kritik von Tierschützern ausgesetzt. Diese Meeressäuger, deren Revier sich in Freiheit problemlos über mehrere Hundert Quadratkilometer erstreckt, in Gefangenschaft zu halten, ist schon für sich ein durchaus legitimer Kritikpunkt. Hinzu kommt das Programm, das diese äußerst intelligenten Tiere Tag für Tag zur Unterhaltung der Gäste ableisten müssen. Dies entspricht selbstverständlich nicht einer artgerechten Haltung.

In den USA richteten sich in der letzten Zeit die Proteste verschärft gegen SeaWorld San Diego. Ein Dokumentarfilm, der die Hintergründe des Geschäfts mit den Walshows aufzeigt, hatte Aufsehen erregt und diverse Kampagnen gegen die Betreiber nach sich gezogen. Eine Studie ergab, dass die Lebenserwartung von in Gefangenschaft geborenen Orcas signifikant geringer ist als die von freilebenden Tieren. Daraufhin verbot der Bundesstaat Kalifornien zunächst die Zucht dieser Tiere in Gefangenschaft. Weiterhin hat SeaWorld angekündigt, die Orca-Shows 2016 einzustellen.

Dies bedeutet jedoch nicht das Ende der Gefangenschaft der dort lebenden Wale. Vielmehr sollen diese ab 2017 in ein eher informatives anstatt unterhaltendes Programm eingebunden werden. Das erklärte Ziel von SeaWorld sei es, in der Zukunft primär über Orcas in ihrem natürlichen Lebensraum zu informieren, anstatt sie für Unterhaltungsshows zu trainieren. Baumaßnahmen, um die Wale in einer artgerechteren und naturnäheren Umgebung zu präsentieren, seien geplant.

Ob diese Maßnahmen ausreichen, bleibt dahingestellt. Sie sind aber zumindest mal ein Schritt in die richtige Richtung.

Satire hat naturgemäß einen Bezug zu aktuellen Geschehnissen, und so hatte The Onion dieses Thema aufgegriffen und oben gezeigtes Bild konstruiert.

Die Tütengeschichte hat sich also als unwahr herausgestellt. Aber neben Tieren in Tüten gibt es auf Facebook auch immer wieder die Nachricht über Vampir-Marienkäfer!

ASIATISCHER MARIENKÄFER — EIN VAMPIR-KÄFER?

In lauen Herbsttagen könnten einem die asiatischen Marienkäferschwärme aufgefallen sein. Zu Tausenden schwirren sie herum, auf der Suche nach den letzten warmen Sonnenstrahlen. Sie nisten sich in geschützten Ecken und Ritzen ein oder bedecken ganze Hausmauern.

Besucher-Beiträge

[redacted] ▸ **Zuerst denken - dann klicken!**
5 Std. ·

Ist das Foto echt oder wieder Panikmache?

ACHTUNG: Giftige Vampire-Marienkäfer machen Hundehaltern Angst

Ein Foto verursacht bei vielen Facebooklesern Panik. Dieses Foto zeigt die geöffnete Schnauze eines Hundes in dessen Gaumen eingebettet 16…

Harlekin-Marienkäfer wurden ursprünglich als biologische Schädlingsbekämpfer aus Asien eingeführt und gegen Läuse eingesetzt. Heute jedoch sind die robusteren Konkurrenten zur Bedrohung für die heimische Marienkäfer-Population geworden.

Und als ob das noch nicht schlimm genug wäre, geistert nun ein schauriges Bild durchs Internet. Es zeigt, wie sich asiatische Marienkäfer im Gaumen eines Hundes festsaugen. Doch, wie immer, sollte man nicht alles glauben, was im Internet verbreitet wird. Denn diese Käfer sind keine Vampire, auch wenn es so behauptet wird. Sie nisten sich auch eher ungerne in Hundemündern ein, ebenso ungerne, wie Hunde ihrerseits Marienkäfer im Gaumen haben wollten.

Wahr ist jedoch: Bei Gefahr sondern diese »Terrorkäfer« eine orange-gelbe, übelriechende Flüssigkeit (Hämolymphe) ab, die in seltenen Fällen eine allergische Reaktion hervorrufen kann. Die Webseite Tierschutz4all schrieb dazu:

FAKT ist aber, dass er sich wohl kaum im Gaumen unserer Haustier einsaugt, da er bei Gefahr durch ein Refluxbluten eine gelbe, bitter schmeckende und giftige Flüssigkeit (Hämolymphe) absondert und somit absolut unattraktiv für unsere Haustiere wird. Ein Befallen in der Form ist somit so gut wie auszuschließen.

Aber das Foto von den Käfern in der Mundhöhle eines Hundes hat dennoch einen Ursprung: Wir datieren es auf das Jahr 2008. Herkunft: Kalifornien. Dort gab es einen einzigen dokumentierten Fall, in dem eine »akute Korrosion der Mundschleimhaut bei einem Hund aufgrund der Einnahme von asiatischen Marienkäfern (Harmonia axyridis: Coccinellidae)« beschrieben wurde.

Tierische Geschichten: Das Internet ist voll davon. Das ist nichts Neues: Es gab auch immer schon TV-Formate, in denen tierische Geschichten zu sehen waren. Geschichten um

Tiere haben Unterhaltungswert und müssen dabei nicht immer ganz der Wahrheit entsprechen.

Dennoch sollte man, speziell bei veterinärmedizinischen Themen, vorsichtig sein: Wenn es um das Wohl von Tieren geht, ist ein Tiermediziner die bessere Wahl als ein Post in sozialen Netzwerken. Aber auch bei viralen Geschichten um Tiere gilt: Bei allzu dramatischen oder absurden Geschichten sollte man zusätzliche Informationen einholen.

KAPITEL 5

REICHSBÜRGEREI & VERSCHWÖRUNGEN

Besonders viel Geduld benötigt die Bearbeitung von Themen aus dem Bereich der Verschwörungstheorien, im Speziellen der pseudojuristischen Spitzfindigkeiten von selbst ernannten »Reichsbürgern«. Dennoch besitzen Verschwörungstheorien immer ihren ganz eigenen Charme: Sie fesseln, sie glänzen mit dem potentiell Möglichen, und gut gemachte Verschwörungstheorien sind in sich so stimmig, dass man sie für echt hält. Verschwörungstheorien erklären und verteidigen sich selbst, und das Allerbeste an ihnen ist: Wer sie widerlegt, gilt als Teil ihrer selbst.

Des Internetnutzers liebste und wohl meist diskutierte Verschwörungstheorie dreht sich um Befehle von ganz oben, die es ebenso von oben rieseln, pardon, sprühen lassen:

FLIEGER, GRÜSS' MIR DIE CHEMTRAILS

Tagtäglich schauen Menschen allerorts sorgenvoll gen Himmel und erheben wutschnaubend die Faust: »Diese verdammten Chemtrails, *DIE* wollen uns schon wieder vergiften!« Flugs wird davon ein Foto gemacht und auf Facebook und in einschlägigen Foren verbreitet. Beweist es doch die niederträchtigen Taten von »denen«.

Was sind Chemtrails?

Das Wort »Chemtrails« setzt sich aus den Wörtern Chemikalien und Con*trails* zusammen, grob übersetzt also: chemische Kondensstreifen.

Bildquelle: Wikipedia, »Contrails near Frankfurt (Germany), 2012« von Prashanta – Eigenes Werk. Lizenziert unter CC BY-SA 3.0 über Wikimedia Commons

Nun kennen wir alle diese weißen Streifen am blauen Himmel, die man sieht, wenn ein Flugzeug gerade geflogen ist. Den Verfechtern der Chemtrail-Theorie ist aber aufgefallen, dass manche dieser Streifen länger am Himmel zu sehen sind als andere und sich langsamer ausbreiten – für sie ein untrüglicher Beweis, dass die Kondensstreifen noch etwas anderes beinhalten, und zwar: Chemikalien, die die Menschen vergiften sollen!

Erst seit 1996 schwirrt diese Theorie durch das Internet, sodass sich nach zahlreichen Anfragen besorgter Bürger 2011 sogar das Bundesumweltamt genötigt sah, dazu eine Stellungnahme abzugeben. Dort heißt es:

> Der Artikel behauptet unter anderem, dass im Rahmen geheimer Projekte der USA militärische und zivile Flugzeuge Aluminium und Bariumverbindungen in die Atmosphäre ausstoßen, aus denen sich diese Chemtrails – ähnlich der Bildung von Kondensstreifen – entwickeln würden. Ziel soll dabei sein, der durch den Menschen hervorgerufenen (anthropogenen) Erwärmung, verursacht durch Emissionen treibhauswirksamer Gase in die Atmosphäre, entgegenzuwirken.
>
> Für das in dem genannten Artikel erwähnte Einbringen von Aluminiumverbindungen in die Atmosphäre und die Bildung so genannter Chemtrails gibt es keinerlei wissenschaftliche Belege. Auch im Deutschen Zentrum für Luft- und Raumfahrt (DLR) sind die beschriebenen Phänomene nicht bekannt. Das Institut für Physik der Atmosphäre des DLR untersucht

seit vielen Jahren die Wirkung der Emissionen des Luftverkehrs auf die Atmosphäre – einschließlich zahlreicher Messungen gas- und partikelförmiger Emissionen von Verkehrsflugzeugen.

Falls es die so genannten Chemtrails gäbe, müssten beim DLR darüber Informationen vorliegen. Die Messungen enthalten jedoch keinerlei Hinweise darauf. Die Deutsche Flugsicherung GmbH bestätigte, dass sie im Rahmen der Luftraumüberwachung keine auffälligen Flugbewegungen beobachtete, die etwas mit dem beschriebenen Sachverhalt zu tun haben könnten.

So weit, so gut. Wer jedoch ein echter Verschwörungstheoretiker ist, der lässt sich von solchen offiziellen Dementis natürlich nicht abschrecken. Daher haben sich einige wilde Theorien entwickelt, die wir hier einmal aufführen wollen. Und ja, wir kommen auch zu dem Punkt »Essig gegen Chemtrails« …

Aber zunächst schauen wir auf die Behauptung:

»Chemtrails werden mit normalen Passagiermaschinen versprüht.«

Einer der schlagendsten Beweise ist angeblich ein Youtube-Video von Chris Bovey. Da hat er doch glatt filmen können, wie während des Fluges plötzlich Chemtrails ausgestoßen werden. Sensation!

Na ja … vielleicht dann doch nicht, denn in einem Interview mit »Vice« erklärte Bovey, dass dieses kurze Video auf seinem Flug von Buenos Aires nach England entstanden ist. Das Flugzeug musste in Sao Paolo notlanden und stieß zwecks Gewichtsreduzierung Kerosin aus dem Flügel. Bovey wollte damit Chemtrail-Gläubige ein wenig foppen und hatte Erfolg: Das Video wurde knapp 20.000-mal geteilt und insgesamt 1,1 Millionen Mal angeschaut.

Und noch so eine These:

»Chemtrails halten sich länger am Himmel als normale Kondensstreifen.«

Tatsächlich halten sich manche Streifen länger am Himmel als andere. Aber liegt das wirklich an chemisch zugesetzten Stoffen? Nein, denn wie lange sich ein Kondensstreifen hält, liegt immer an Luftdruck, Temperatur und Luftfeuchtigkeit an diesem Tag. Jeder kann das selbst überprüfen. Man fotografiere einfach den Himmel an jedem Tag, an dem man einen solchen Chemtrail sieht, und notiere sich dazu Datum und Uhrzeit. Gleichzeitig vergleiche man die genauen Wetterdaten auf den verschiedenen Wetterseiten. Irgendwann wird man feststellen, dass sich die eigenen Beobachtungen perfekt mit denen in der »Appleman-Chart« decken, in der anschaulich aufgezeigt wird, bei welchen Wetterkonditionen welche Streifen entstehen.

Krank durch Chemtrails?

»Chemtrails machen Menschen krank.«

Diese Behauptung gibt es weiterhin.

Ein Arzt in Phoenix beschrieb, dass er die Haarproben von Patienten, die öfters mit Kopfweh, Asthma, Fieber und Ohrinfektionen zu ihm kamen, an ein Labor schickte, wo festgestellt wurde, dass diese Patienten einen erhöhten Anteil Barium in ihrem Körper hatten. Für jenen Arzt war das ein klarer Beweis dafür, dass Barium Bestandteil von Chemtrails sein müsse. Was er jedoch nicht bedacht hatte, war, dass

Phoenix eine Stadt mit vielen Fabriken, viel Autoverkehr, viel Luftverschmutzung ist, sodass es für dortige Bürger fast normal ist, einen erhöhten Barium-Level zu haben. Verschwörungstheoretiker neigen jedoch dazu, ihre Wehwehchen auf die »seltsamen Streifen am Himmel« zu schieben, anstatt der wirklichen Ursache nachzugehen.

Die Story um das Barium in Chemtrails hielt sich jedoch, und so wird munter weiterverbreitet, dass Chemtrails Barium und andere Schwermetalle enthalten. Einen Nachweis dafür gibt es nicht, behauptet wird es aber trotzdem immer wieder.

2007 wollte ein Mann in Arkansas den ausstehenden Nachweis liefern und sammelte Regenwasser, das er dann in einem Labor untersuchen ließ. Die Ergebnisse gab er an einen örtlichen Radiosender weiter. Dort wurde mit Entsetzen verkündet, dass der Bariumgehalt im Regenwasser dreimal so hoch sei wie normal. DER Beweis also!

Leider auch nicht … denn jener Sender verwechselte ug/l (Mikrogramm pro Liter, also ein Millionstel Gramm) und ppm (parts per million). Klingt beides gleich, ist aber ein Unterschied, denn ug umgerechnet auf ppm wäre dann ppb (parts per billion, also ein Milliardstel Teil). Man hat sich also um drei Nullen verrechnet, trotzdem hatte das Wasser immer noch einen erhöhten Bariumwert (normales Wasser: 43 ug, sein Wasser 68,8 ug). Nun liest man auf Chemtrail-Seiten oft, dass Barium unnatürlichen Ursprungs und hochgiftig sei, in Wirklichkeit findet sich Barium allerdings ganz normal in der Erde und in diversen Gesteinssorten, kommt also ganz normal in der Natur vor, und je nach Wohnort kann der Bariumgehalt höher oder niedriger liegen.

Und sie tun es doch?

»Nun könnte es aber doch sein, dass »die« Barium sprühen!«

So hören wir immer wieder einige Menschen schreien.

Klar, aber viel Sinn würde es nicht machen. Flugzeuge fliegen auf einer Höhe von 30.000 ft (ca. 10 km), aus dem einfachen Grund, weil in dieser Höhe der Luftwiderstand niedrig ist und so weniger Kerosin verbraucht wird. In 24.000 ft (ca. 7,5 km) Höhe beginnt die sogenannte Tropopause, sprich: Wettergeschehnisse spielen sich unter dem Flugzeug ab, der Flug selbst bleibt also von etwaigen Unwettern meist unberührt. Außerdem wehen dort oben die sogenannten Jetstreams, die jedes durch Chemtrails rausgeblasene Schwermetall-Teilchen unkontrolliert über den Globus blasen würden, aber keinesfalls dort landen ließen, wo das Flugzeug gerade drüberfliegt.

Chemtrails gegen Erderwärmung?

»Chemtrails sind dazu da, die globale Erderwärmung aufzuhalten.«

Tatsächlich würde eine ständige milchige Wolkendecke die Erderwärmung ein wenig ins Stocken bringen. Die Frage ist bloß, warum eine Regierung diesen großartigen Plan nicht schon längst bekannt gegeben hätte, schließlich wäre es zum Nutzen aller.

Aber den bitterbösen Chemtrails sagt man noch viel mehr nach: Sie sollen uns vergiften, unfruchtbar machen, die Erdpopulation vermindern. Da die Regierungen/die Illuminaten/die Reptilienwesen es also nicht mit HIV oder Ebola geschafft haben, die Menschheit kleinzukriegen, versuchen sie es nun mit Chemtrails. Clever.

Dazu müssten sie aber eine Art »Supervirus« entwickeln, der zusammen mit den Chemtrails versprüht wird. Ein Virus, der resistent gegen Temperaturschwankungen ist, so ansteckend und tödlich wie Ebola, durch die Luft übertragbar, aber auch bekämpfbar durch Impfungen, sodass die »Elite« überlebt.

Essig gegen Chemtrails?

Essig im Garten und ums Haus herum helfe gegen den schädlichen Fallout der Chemtrails. Jaaa, jetzt kommen wir schlussendlich zu diesem Thema.

Wurden vorher auf Esoterik-Seiten Orgonit-Steine und Ähnliches zu sündhaft teuren Preisen gegen die bösen Chemtrails verkauft, sind besonders clevere Zeitgenossen nun auf die Idee gekommen, dass einfacher Essig die Streifen am Himmel verschwinden lässt.

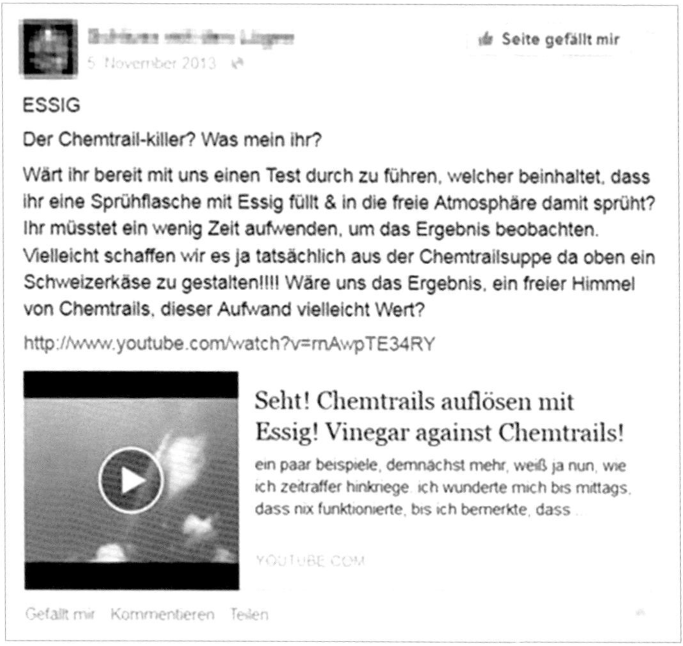

5. November 2013

Seite gefällt mir

ESSIG

Der Chemtrail-killer? Was mein ihr?

Wärt ihr bereit mit uns einen Test durch zu führen, welcher beinhaltet, dass ihr eine Sprühflasche mit Essig füllt & in die freie Atmosphäre damit sprüht? Ihr müsstet ein wenig Zeit aufwenden, um das Ergebnis beobachten. Vielleicht schaffen wir es ja tatsächlich aus der Chemtrailsuppe da oben ein Schweizerkäse zu gestalten!!!! Wäre uns das Ergebnis, ein freier Himmel von Chemtrails, dieser Aufwand vielleicht Wert?

http://www.youtube.com/watch?v=rnAwpTE34RY

Seht! Chemtrails auflösen mit Essig! Vinegar against Chemtrails!

ein paar beispiele, demnächst mehr, weiß ja nun, wie ich zeitraffer hinkriege. ich wunderte mich bis mittags, dass nix funktionierte, bis ich bemerkte, dass …

YOUTUBE.COM

Gefällt mir Kommentieren Teilen

Quelle: Facebook, öffentlicher Status

Im ZDDK-Mystery-Büro waren wir natürlich Feuer und Flamme für diese Idee, also mussten wir das doch gleich mal austesten. Essig ist ja schließlich ein bewährtes Mittel gegen alles und reinigt »Erde, Wasser, Luft und den ätherischen Körper«, wie in Eso-Foren gerne geschwurbelt wird.

Und das ist genau die Stelle, wo die Fronten aufeinanderprallen. Denn die »ernsthaften« Chemtrail-Forscher möchten auf gar keinen Fall mit diesen »Eso-Spinnern« in einen Topf geworfen werden!

Feldversuch auf der Dachterrasse des Mimikama Büros: Hilft Essig gegen Chemtrails?

Dementsprechend verhalten geht der Spott über diese Methode dann auch vom leichten Kopfschütteln bis zum »Du Vollpfosten!«, was die Verteidiger der Essig-gegen-Chemtrails-Theorie nun gar nicht mögen.

Warum urteilt Ihr bitte, bevor Ihr es überhaupt vorerst versucht habt? Ist die heutige Massenmanipulation derart fortgeschritten, dass Eure Neugier nach Wahrheit & Lösungen gleich Null gesetzt sind?! HERR GOTT NOCHMAL WACHT DOCH ENDLICH AUF!!! 99% waren noch mal wie viel?!

Fakt ist: -> Essig ist desinfizierend! Essig oxidiert!..Und wenn Ihr alle Eure Eltern oder Großeltern fragen würdet, wie Sie Ihre Hofeinfahrten reinigten, dann hättet Ihr ein nettes AHA Erlebnis für den Anfang!
Wenn Menschen es aus aller Welt, in verschiedensten Sprachen es bestätigen, dann verstehe ich IM ENTFERNTESTEN NICHT, DIE MENSCHEN, DIE DIESE DINGE NICHT FÜR SICH UND FÜR IHRE LIEBEN HINTERFRAGEN!!! >>> GANZ GLEICH, WIE ABSURD ES FÜR DEN ANFANG AUCH KLINGEN MAG!!!<<<

Quelle: Facebook, öffentlicher Status

Am Himmel über unserem Büro hat sich übrigens nicht viel geändert. Dafür ist das Gras, auf das wir den Essig verschüttet haben, jetzt schön gelb. Ist aber bestimmt richtig so.

Aber es sind nicht nur Chemtrails, vor denen sich die Menschen in sozialen Netzwerken fürchten. Es ist ebenso die Furcht vor Chips. Nein, gemeint sind nicht die krossen, gebackenen Dinger zum Essen, sondern RFID-Chips.

ACHTUNG! BEI OPERATIONEN MIT VOLLNARKOSE WIRD EIN CHIP EINGESETZT

Seit dem Jahre 2014 berichten wir immer wieder über die Mikrochip-Falschmeldungen auf Facebook. Eine dieser Meldungen wird schön plakativ mit einem Bild verteilt. Auf diesem erkennt man ein Baby, das sich die Äuglein vor Müdigkeit reibt, sowie einen Mikrochip.

Auf dem Bild steht:

> Wichtige Information. Europäischer Personal-Standardchip. EPS offiziell ab 01.01.2016. ALLE Säuglinge werden dann zwangsweise DIREKT nach der Geburt gechipt! Erwachsene: Umstellung auf den Chip innerhalb der nächsten 5 Jahre. Ab 2018 kein Antrag auf Personalausweis mehr möglich! Bei Operationen mit Vollnarkose wird ein Chip eingesetzt. Bei vorherigem Widerspruch findet keine OP statt! (außer Lebensnotwendige)

So! Nun müssen wir hier mal tief Luft holen. Allein dieser Satz deutet auf Verwirrung des Erstellers hin.

> Erwachsene: Umstellung auf den Chip innerhalb der nächsten 5 Jahre. Ab 2018 kein Antrag auf Personalausweis mehr möglich! Bei Operationen mit Vollnarkose wird ein Chip eingesetzt. Bei vorherigem Widerspruch findet keine OP statt! (außer Lebensnotwendige)

Woher hat der Ersteller diese Information? Wir wissen es! Wir wissen es! Wir wissen es! Und zwar aus einem Artikel mit dem Titel »ENDLICH: EU-Standard-Chip EPS ersetzt Personalausweis«.

Welches Medium/Welche Zeitung/Welches Ministerium usw. hat bitte dieses »unveröffentlichte« Dokument verfasst? Es war die ... Trommelwirbel, tatatam ... »Neue Weltpresse«. Diese hat den Bericht im April 2014 veröffentlicht.

NEUE WELTPRESSE

Politik · Wirtschaft · Unterhaltung · Leute · Sport · Technik · Recht · Tiere

CHIP ALS IMPLANTAT

ENDLICH: EU-Standard-Chip EPS ersetzt Personalausweis

Sonntag, 27. April 2014 - 20:07 · 237 Kommentare · 269.791 Views

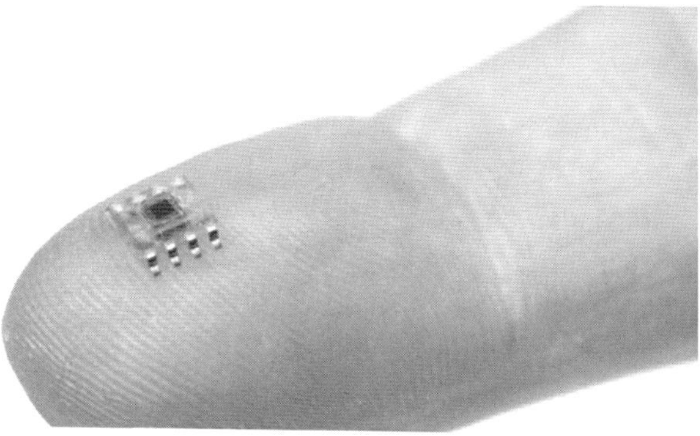

Was für Hunde und Katzen schon seit Jahren weltweit Standard ist, wird ab 1. Januar 2016 auch für die Bürger der Europäischen Union schrittweise eingeführt. Ganz neu ist diese Idee nicht, wird aber mit dem Vorhaben in der Europäischen Union jetzt zum ersten Mal in großem Stil in einer Staatengemeinschaft eingeführt.

Die Neue Weltpresse? Wer ist das denn nun wieder? Wer in das Impressum dieser Webseite schaut, der liest:

NEUE WELTPRESSE:
IST DAS HIER SATIRE ODER SOWAS?

Ja, absolut. Es gibt keine Ausnahme. Alle Beiträge auf dieser Seite sind frei erfunden und erlogen. Es dient ausschliesslich der Belustigung und Unterhaltung unserer Leser.

Wer das hier alles ernst nimmt und glaubt, sollte sich dringend untersuchen lassen und den Verlust des Gehirns der Bundesprüfstelle für Dumme melden.

So, und nun sagen wir mal nichts mehr zu diesem Thema außer: »Der Chip soll in meinen Körper rein«?

Also auch hier basiert die Angst vor zwangsimplantierten Chips eher auf Satire anstatt auf Realität. Dennoch wird es immer wieder propagiert: Der RFID wird kommen! Er würde unseren Kindern heimlich eingepflanzt und uns allen sowieso auch. Mit der Impfung käme dieser Chip in unseren Körper. Diese Thesen schlagen zwei Fliegen mit einer Klappe: Man streut Angst vor einer nicht deutlich sichtbaren Weltoberschicht, welche das Ziel der Weltherrschaft habe, und gleichzeitig verknüpft man diese These mit Argumenten für eine Impfgegnerschaft.

Was wohl passieren würde, wenn man den Gedankengang voranspinnt?

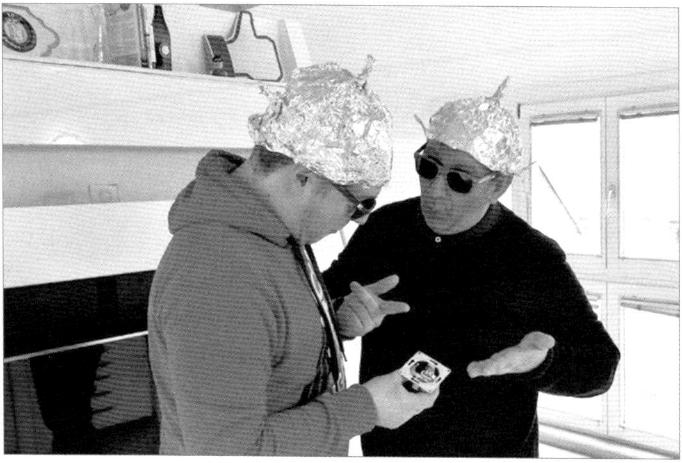

Mimikama in Aktion: Andre, Tom, Aluhüte, Mikrochip aka Lichtschalter

Ein Gedankenexperiment

Düstere Zeiten kommen auf uns zu, sehr düstere. Der im Körper zu implantierende RFID-Chip naht mit großen Schritten. Die totale Überwachung hält subkutanen Einzug und schlimmer noch: Uns wird die Selbstbestimmung entzogen. Sobald dieser Chip unter der Haut sitzt, vernetzt er sich neutral mit unserem Gehirn und ermöglicht von nun an dem Betreiber, uns von Ferne zu steuern.

Ein kleines Techtelmechtel mit der Sekretärin? Wird in Zukunft schwieriger werden, denn der Chip weiß immer, wo Ihr seid, und damit weiß es auch sein Betreiber. Entweder, es wird für euch richtig teuer, oder das Telefon der werten Frau Gemahlin bimmelt, und der Grund für eure dritte Verspätung diese Woche wird ihr kundgetan.

Mal im Ernst, glaubt Ihr das? Einen Chip im Handgelenk, der eure Gedanken steuert, verrät wo Ihr seid? Ja, zumindest Letzeres wäre durchaus machbar, die RFID-Chips gibt es in verschiedenen Ausführungen, sowohl passiv als auch aktiv. Aktiv bedeutet, dass sie auch Signale senden und nicht nur, wie die passiven, ausgelesen werden können. Die passiven kennen wir alle, das sind zum Beispiel die Dinger auf unseren Gesundheitskarten, Kreditkarten, in unseren Haustieren implantiert (Hund und Katze werden ja gechipt), sowie in einigen TV-Fernbedienungen und im Handy. Bei den letzten beiden nennt es sich NFC. Alles Dinge, die wir mehr oder weniger regelmäßig benutzen.

Wenn die Chips aktiv sind, müssen sie aber auch mit einer Energiequelle verbunden sein, also wird es eher auf passive rauslaufen. Je kleiner sie sind, umso geringer ist ihre Reichweite bzw. umso dichter muss man zum Auslesen ran. Was es für einen Satelliten recht schwierig macht, Eure Daten auszulesen. Wenn Euch aber irgendwann einmal ein Satellit auf den Kopf fällt, dann kann er noch kurz bevor er auf Euch niedergeht, auslesen, wen er da grade erwischt. Also haltet es wie die Gallier und fürchtet, dass Euch der Himmel auf den Kopf fällt.

Die Reichweite eines Chips lässt sich mit der Größe der Antenne erhöhen, neben der Stromversorgung für den Transponder. Mit einer Antenne von circa einem halben Meter Durchmesser kann man beachtliche Weiten erzielen, nur, wer lässt sich so etwas freiwillig einbauen?

Also bleibt ein engmaschiges Überwachungsnetz aus Lesegeräten. Ja, das wäre eine Möglichkeit. Aber warum sollte man diesen Aufwand und diese Ausgaben auf sich nehmen?

Jedes Handy kann angepeilt werden, nahezu jeder Neuwagen und jedes Smartphone hat GPS. Dazu kommen die sozialen Netzwerke, die auf den Smartphones installiert werden, die Software der Hersteller, Shopping-Apps, alles, wozu man die Ortung des Smartphone halt so benötigt. Euer Smartphone verrät viel mehr über Euch, als es der Chip aufgrund seiner geringen Speicherkapazität von wenigen Kilobyte jemals könnte. Natürlich kann man da auch schon einiges unterbringen, Medikamente, Bankdaten, Krankenkassendaten etc., dennoch verraten Eure sozialen Profile weitaus mehr – und das auch noch freiwillig.

Der Chip mag Risiken mit sich bringen, wäre jedoch für andere wiederum von Nutzen, als Beispiel seien genannt die Informationen über Medikamente für spontan auf der Straße zusammenbrechende Herzpatienten. Wer da bereits den gläsernen Bürger befürchtet, aber gleichzeitig Facebook mit sämtlichen privaten Daten, Bildern, Freunden und Vorlieben füttert, handelt vielleicht ein ganz klein wenig unüberlegt.

Wer nun jedoch denkt, dass sei schon ganz weit oben im Verschwörerhimmel, der kennt die Pseudojuristeleien der »Reichsbürger« noch nicht.

REICHSBÜRGER

»Reichsbürger«, das sind grob beschrieben diejenigen, die den Staat BRD und alles, was dazu gehört, nicht anerkennen und immer der Überzeugung sind, das Deutsche Reich in den Grenzen von 1914 habe nicht aufgehört zu existieren.

Nun wäre es ein Fehler, Reichsdeutsche mit Rechtsradikalen oder gar Rechtsextremen zu verwechseln, denn das sind sie nicht. Es mag vielleicht Schnittpunkte geben, aber im Großen und Ganzen muss man diese beiden Gruppen voneinander getrennt beschreiben.

»Reichsbürger« glänzen immer dann, wenn sie eine vermeintliche Gesetzeslücke gefunden haben, mit der sie abermals das System umschmeißen könnten. Könnten! Zumeist entpuppen sich diese irrwitzigen Juristeleien jedoch als haltlose Konstrukte und gehen eher in Richtung Verschwörungstheorie.

Die »Selbstverwaltung Deutsches Reich« freut sich übrigens auch darüber, dass Spanien die Leugnung des Holocausts als Meinungsäußerung erlaubt …

Berühmte Namen finden sich unter den »Reichsbürgern«, wie beispielsweise Meinolf Schönborn, Ex-Vorsitzender der 1992 verbotenen »Nationalistischen Front« oder Horst Mahler, bekennender Rechtsextremist. Da der Begriff »Reichsbürger« mittlerweile zu bekannt ist, nennt man sich auch gerne »Neue Gemeinschaft von Philosophen«. Klingt gut. Klingt intellektuell. Ist es aber nicht. Wenn man unter diesem Namen, wie im Februar 2014 geschehen, Drohbriefe an Moscheen und jüdische Gemeinden schreibt, sortiert man sich politisch schon ziemlich stark ins fremdenfeindliche Lager.

Allen voran hier die berühmteste alle Thesen:

»Die BRD ist kein Staat, sondern eine GmbH«

Ein Raunen geht durch das Internet … Ein Gerücht, das schon seit Jahren kursiert, gipfelt in der schwerwiegenden These »Staatsvortäuschung Bundesrepublik Deutschland – Die BRD-Lüge!«. Dieses Manifest des reichsbürgerischen Hokuspokus, das auf einem Blog namens »Newstopaktuell« verfasst wurde, erfreut sich in den sozialen Netzwerken immer wieder kräftigen Zuspruchs und hoher Verbreitung. Ein epochales Werk, das wie saurer Regen auf uns niederdröppelt. Optisch mit einem »Personen-Ausweis« in Szene gesetzt, sieht man immer wieder diese Statusmeldung auf Facebook:

Staatsvortäuschung Bundesrepublik Deutschland - Die BRD-Lüge!

Sie beginnen gerade damit, einen der brisantesten Artikel zu lesen, den wir jemals veröffentlicht haben. Was wir Ihnen in diesem Artikel zu Ihrer gefälligen Kenntnisnahme mitteilen, w...

NEWSTOPAKTUELL.WORDPRESS.COM

Da spannen wir doch gleich mal unsere ZDDK-Regenschirme auf und entsäuern diese Wolke fachgerecht! Im Folgenden führen wir immer wieder Thesen aus dem »Reichsbürger-Katechismus« von Newstopaktuell an, die wir als Zitate einrahmen und darauf unsere Antwort schreiben.

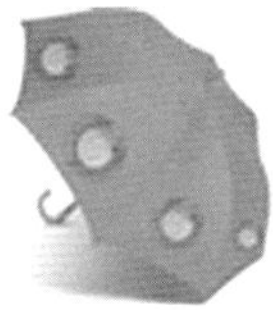

Nach einem reißerischen Vorwort fangen die Argumentationen an wie:

»Ihnen ist noch nicht aufgefallen, dass in Ihrem »Personalausweis« und in Ihrem Reisepass gar keine Staatsangehörigkeit angegeben ist? Sie finden dort unter der Rubrik »Staatsangehörigkeit« den Eintrag »DEUTSCH«, doch einen Staat namens »DEUTSCH« gibt es bekanntermaßen doch gar nicht! Und überhaupt, wieso haben Sie einen Personalausweis? Wessen Personal sind Sie?«

Kurz mal die Behauptungen resümieren: Wir wohnen also in »Deutsch«, nicht in »Deutschland«! Und Personal sind wir auch noch!

Die simple Wahrheit ist, dass in 20 von 28 EU-Mitgliedsstaaten das Adjektiv (hier: deutsch) statt dem Substantiv (hier: Deutschland) verwendet wird.

Die Verwendung des Adjektivs macht auch Sinn, denn niemand antwortet bei der Frage nach seiner Nationalität mit »Deutschland«. Der Franzose ist ja auch ein Franzose und kein Frankreich.

Und warum nun Personalausweis und nicht Personen-Ausweis?

Auch hier greift die deutsche Grammatik, da »Personal« laut Duden »die Person betreffend« bedeutet und nicht etwa »Angestellter einer BRD GmbH«. Auch in der Weltsprache Englisch ist dies dann leichter verständlich, da es dort dann eine »Personal ID« (persönliche Identitätskarte) ist. Noch mehr Theorien:

> »Sie wissen vielleicht auch nicht, dass es von den Verantwortlichen des »BRD«-Systems im Jahre 1990 gezielt unterlassen wurde, eine Verfassung für Deutschland zu verabschieden und dass das »Grundgesetz« alles Andere als eine Verfassung ist?«

Öhm, stimmt. War uns neu. Ja aber, was haben wir denn nun? Ahhh, die Seite klärt uns auf: Deutschland ist eine Firma, genau genommen die »BRD-Finanzagentur-GmbH«. Genau wie der Bundestag, der sogar eine Steuernummer hat. Ja dann …

Veto! Das Grundgesetz Deutschlands ist seit dem 23. Mai 1949 gültig, es trug auch lange den alternativen Namen »Verfassung der Deutschen«. Nach dem 3. Oktober 1990 wurde dieses dann zur Verfassung des wiedervereinigten Deutschen Volks, siehe auch die definierende Präambel, welche besagt, dass »dieses Grundgesetz für das gesamte Deutsche Volk« gilt.

Aber, aber … der Bundestag hat trotzdem eine Steuernummer!? Richtig, hat er auch. Der Bundestag ist nämlich eine juristische Person und unterhält auch gewerbliche Geschäftsbetriebe, wie beispielsweise eine Kantine sowie Besucher- und Touristenservice, somit ist eine Umsatzsteuer sogar vonnöten.

»Wir sind alle Sklaven«

Es geht nämlich noch besser! Über die folgende Begründung mussten wir wirklich schmunzeln. Der Name ist also in Großbuchstaben, weil wir in Wirklichkeit Sklaven sind. Macht total Sinn, übernehmen wir doch einfach mal diese römische Tradition.

> »Im ehemaligen Römischen Reich mussten Sklaven, so sie denn schreiben konnten, in GROSSBUCHSTABEN eine Urkunde unterschreiben, dass Sie dem Sklavenhalter gehören.Und nun schauen Sie doch noch mal in Ihren Bundespersonalausweis, wie Ihr Name dort geschrieben steht. Richtig! In GROSSBUCHSTABEN natürlich. Und nun raten Sie mal warum?!«

Nein, auch hier wurde ein weiterer Vorwand weit hergeholt.

Bei den Römern gab es gar keine Groß- und Kleinschreibung! Somit konnte man auch nicht mit Kleinbuchstaben unterschreiben.

Also gilt die Großschreibung im Ausweis einfach nur der Lesbarkeit des Namens. Wörter, die komplett in Großbuchstaben geschrieben sind, sind schneller für das Gehirn erfassbar, und meistens wird ja zuerst nach dem Namen auf einem Ausweis geschaut.

»Der Staat Deutschland existiert nicht«

Es gibt zum Beispiel keine Polizeibeamte, da Beamte nur vom Staat ernannt werden können, aber da Deutschland ja kein Staat ist, könne es auch keine Polizeibeamten geben, es baut also eine Lüge auf der anderen auf.

Gehen wir nun einfach mal weiter auf verschiedene Argumente ein, welche von den sogenannten »Reichsbürgern« in diversen Artikeln genannt werden.

»Deutschland ist gar kein souveräner Staat«

Tja, nun haben sie uns erwischt. Das stimmt total. Wenn Sie gerade im Jahr 1989 leben und diesen Artikel aus der Zukunft empfangen.

Tatsächlich erhielten die vier Siegermächte Frankreich, Großbritannien, die Sowjetunion und die USA verschiedene Rechte über Deutschland. Mit dem »Zwei-plus-Vier-Vertrag« 1990 (Deutschland + DDR + Siegermächte) beschlossen jedoch die Siegermächte, mit der Wiedervereinigung genau auf jene Rechte zu verzichten.

»Deutschland hat gar keinen Friedensvertrag«

Erwischt! Tatsächlich existiert kein Friedensvertrag mit den Siegermächten. Das liegt aber auch daran, dass mit dem oben genannten Zwei-plus-Vier-Vertrag die Siegermächte eine einseitige Friedenserklärung erlassen haben. Somit ist ein eigenständiger Friedensvertrag gar nicht notwendig. Eher könnten sich die Siegermächte beschweren, dass Deutschland von seiner Seite aus keinen Friedensvertrag schloss. Doch halt, wir sind ja gar kein Staat, sondern eine GmbH, ganz vergessen, sorry …

Übrigens haben wir auch keinen Friedensvertrag mit Neuseeland. Oder Grönland. Oder den Philippinen. Skandal!

»Das Deutsche Reich existiert noch«

So, und nun kommen wir zum heikelsten Punkt. Die revisionistische Reichsbürgerbewegung hängt der Auffassung an, dass das Deutsche Reich nie aufhörte zu existieren. Deutsche Gerichte, wie zum Beispiel das Amtsgericht Duisburg, reagieren darauf mittlerweile mit gelassenem Humor, wie folgende Urteilsbegründung zeigt:

> »Eine deutsche Reichsverfassung, eine kommissarische Reichsregierung oder ein kommissarisches Reichsgericht existieren ebenso wenig, wie die Erde eine Scheibe ist.«

Der Übergang vom Deutschen Reich zur Bundesrepublik Deutschland war eine rechtlich sehr komplizierte Angelegenheit. Hunderte Seiten von Dokumenten wurden verfasst, um genau jenen Vorgang zu regeln. Die Reichsbürgerbewegung pickt sich hier nun einzelne Dinge heraus und nutzt sie für ihre Zwecke.

Aber ein echter »Reichsbürger« wäre kein »Reichsbürger«, wenn er nicht nur die BRD nicht anerkennt, sondern auch deren Währung, den Euro!

Der Euro ist ungültig?

Na, heute schon in den Geldbeutel geschaut? Da finden sich doch bestimmt noch ein paar Euro. Also gleich mal einkaufen gehen … Aber vielleicht geht das gar nicht? Laut einer Internetseite ist der Euro nämlich ungültig.

Und was nun? Mit Kieselsteinchen bezahlen? Was steckt denn hinter dieser Behauptung? Kann ich mir aus den Euro-Scheinen nun Zigaretten drehen, oder sollte ich sie doch behalten? So heißt es dort:

»IST DER EURO UNGÜLTIG?

Der EURO ist weder gesetzliches Zahlungsmittel noch Währung, sondern nur noch »öffentliches Zahlungsmittel«, das keinem Annahmezwang unterliegt! – Der EURO ist in der »BRD« und in Berlin nach den immer noch geltenden SHAEF-Gesetzen der alliierten Siegermächte rechtswidrig und gesetzwidrig.«

Zum Autor und zur Quelle:

Den Verfassern des Blogs »Chamy« gehen anscheinend die Themen aus. Anders ist es nicht zu erklären, dass sie per Copy-and-paste einen Artikel als aktuell anpreisen, der bereits fünf Jahre alt ist. Im Dezember 2010 war er bereits auf »MMnews« – nach eigener Aussage der »größte Wirtschaftsblog Europas« – erschienen.

Der Autor des Artikels, Norbert Knobloch, ein deutscher Autor und bekannter Verschwörungstheoretiker, ist seit etwa März 2015 wegen einer Krebserkrankung nicht mehr aktiv tätig, so berichtet Psiram (Anmerkung: Psiram und das dazugehörige Wiki sind ein kritisches Nachschlagewerk zu Pseudowissenschaften, irrationalen Überzeugungssystemen, Alternativmedizin und Esoterik).

Aber was sind denn bitte schön diese SHAEF-Gesetze, und warum sollen sie noch gültig sein?

SHAEF ist die Abkürzung für »Supreme Headquarters, Allied Expeditionary Force«. Dabei handelt es sich jedoch keinesfalls um Gesetze, sondern um die Bezeichnung des Hauptquartiers der alliierten Streitkräfte in Nordwesteuropa. Nach Kriegsende, am 14. Juli 1945, wurde das SHAEF aufgelöst und durch das USFET (US Forces, European Theater) ersetzt. Die sogenannte Reichsbürgerbewegung geht aber davon aus, dass Deutschland immer noch ein besetztes Land ist und sämtliche Regelungen, die vor der Gründung der Bundesrepublik Deutschland galten, heute immer noch gelten, ungeachtet der Tatsache, dass die jetzigen Standorte des US-Militärs in Deutschland eigentlich nur noch existieren, weil sich die USA als Verbündeter diese innerhalb Deutschlands sicherte. Da ja nun nach Ansicht der Damen und Herren »Reichsbürger« Deutschland nicht souverän, sondern immer noch ein besetztes Land ist, muss auch der Euro ungültig sein.

Um aufzuzeigen, dass Deutschland von privaten Firmen und Familien geführt wird, verweist Knobloch in diesem Artikel auch auf das Copyright-Zeichen auf jeder Banknote,

Ist der Euro ungültig?

Allgemein Ist der Euro ungültig? 2. Dezember 2015 Reinhard Hinterlasse einen Kommentar PDFDer EURO ist weder gesetzliches Zahlungsmittel noch Währung, sondern nur noch „öffentliches Zahlungsmittel", das keinem Annahmezwang…

CHAMY.DE

angeblich ein Hinweis, dass sämtliche Banknoten von einem Verein stammen, der von der Familie Rothschild (»Chrrr! De Jodn! Chhrrr!« – mit Grüßen an Walter Moers) und dem Vatikan gegründet wurde.

Jenes Copyright-Zeichen hat aber einen guten Grund, und der liegt in den strengen Auflagen, die damit verbunden sind, einen Euro-Schein abzubilden.

»ABBILDUNG UND URHEBERRECHT DER EURO-BANKNOTEN

Niemals darf der Eindruck entstehen, es handele sich um echte Noten.

Die Bevölkerung vor Falschgeld zu schützen gehört zu den Aufgaben der Europäischen Zentralbank. Gemeinsam mit den Nationalen Zentralbanken wacht sie darüber, dass möglichst keine gefälschten Scheine und Münzen in Umlauf geraten. Um Verwechslungen auszuschließen, werden auch an Abbildungen von Euro-Scheinen hohe Anforderungen gestellt. Die Regeln wurden im Jahr 2003 nochmals verschärft.«

… so schreibt die Webseite www.eu-info.de. Neben diversen Auflagen wie zum Beispiel Maximalgröße oder auch Maximalauflösung bei der Abbildung eines Euro-Scheines ist auch verpflichtend, dass das Copyright der Europäischen Zentralbank (EZB) immer sichtbar sein muss.

Zusätzlich bemängelt der Autor des MMnews-Artikels, dass laut internationalem Recht die Euro-Geldscheine eine Unterschrift haben müssten. Diese existiert auch auf jedem Euroschein. Allerdings ist die Unterschrift auf dem oben abgebildeten Geldschein tatsächlich falsch, damit jene Abbildung nicht als Vorlage zur Fälschung von Geldscheinen verwendet werden kann.

Insgesamt kann man drei verschiedene Unterschriften auf den Geldscheinen finden, die von den bisher drei verschiedenen EZB-Präsidenten stammen, wie man auf den Seiten der Deutschen Bundesbank erfährt.

Nun taucht der Artikel vollends ins Verschwörungstheoretische ab, angeblich wurden deutsche Euro-Scheine extra markiert:

> *»Und deswegen sind alle ›deutschen‹ Euro-Scheine auch mit dem Buchstaben ›X‹ vor der Serien-Nummer versehen worden. Deutsche ›X‹-Euro-Banknoten, von deutschen Touristen eingeführt, werden seit 2009 von ausländischen Banken so schnell wie möglich an die Bundesbank zurückgeschickt und gegen Scheine aus anderen Euro-Staaten (kenntlich an den Buchstaben vor den Serien-Nummern) ausgetauscht. Denn die Banken der anderen EU-Staaten befürchten (in Kenntnis der oben beschriebe-*

nen Illegitimität/Illegalität des ›deutschen‹ Euros) – wohl zu Recht –, daß bei dem bevorstehenden internationalen Finanz-Crash und der folgenden ›Währungs-Reform‹ die ›deutschen‹ Euro-Scheine als erste für ungültig erklärt, beschlagnahmt oder eingezogen werden.«

Das »X« ist nicht etwa eine besondere Kennzeichnung der deutschen Geldscheine, sondern auf jeder Banknote findet sich der Buchstabe des Landes, welches den Schein ausgegeben hat, und zwar aus gutem Grund: So wird verhindert, dass sich ein Land nicht etwa übermäßig viele EU-Scheine druckt, um Schulden begleichen zu können. Nachfolgend die Bedeutung der einzelnen Buchstaben:

Buchstabe	Ausgabestaat
Z	België/Belgique (Belgien)
Y	Elláda/Ελλάδα (Griechenland)
X	Deutschland
W	Danmark (Dänemark)
V	España (Spanien)
U	France (Frankreich)
T	Ireland (Irland)
S	Italia (Italien)
R	Lëtzebuerg (Luxemburg)
Q	nicht belegt

P	Nederland (Niederlande)
O	nicht belegt
N	Österreich
M	Portuguesa (Portugal)
L	Suomi (Finnland)
K	Sverige (Schweden)
J	United Kingdom (Großbritannien)
H	Slovenija (Slowenien)

Die These, der Euro sei keine gültige Währung, beruft sich darauf, dass Deutschland immer noch ein besetztes Land sei. Die Unterschriften auf den Banknoten seien gefälscht (nein, sind sie nicht, es sind nur noch Banknoten mit denen der vorangegangenen EZB-Präsidenten im Umlauf), das Copyright-Zeichen verweise auf Deutschland als eine Firma und das »X« auf den Geldscheinen bedeute, dass deutsche Scheine nach dem »großen Finanzcrash« ungültig werden würden.

Übrigens, die Satire-Seite »Postillon« griff die Idee mit den ungültigen Scheinen auf und berichtete, dass im Falle eines Austritts Griechenlands aus der EU alle griechischen Euro-Scheine ungültig werden würden. Viele Reichsbürger-Seiten nahmen diese Meldung für bare Münze.

Also keine Kieselsteinchen … Wir dürfen weiterhin mit dem Euro bezahlen. Und er ist auch, trotz reichsbürgerlicher Unkenrufe, immer noch gesetzliches und gültiges Zahlungsmittel. Auch wenn jene Herrschaften anscheinend gerne wieder die Reichsmark hätten.

Aber vielleicht fangen sie ja, nach dem Desaster mit den umgedrehten Nummernschildern, nun auch an, mit Reichsmark aus Uromas Mottenkiste bezahlen zu wollen. Zuzutrauen wäre es ihnen.

Die umgedrehten Kennzeichen

An dieser Stelle bitten wir um Entschuldigung … das Desaster mit den umgedrehten Nummernschildern wollen wir natürlich auch noch schnell erklären. Denn über Wochen, ja Monate verband diverse »Reichsbürger« ein besonderes Merkmal: Sie drehten einfach ihre Kennzeichen am Fahrzeug herum!

Mal wieder ein Versuch der »Reichsbürgerei«, sich selbst mit Spitzfindigkeiten zu legitimieren. Grundlage dafür war die Aufforderung, man solle aus Protest das Kennzeichen am Fahrzeug umgedreht anbringen – und man käme sogar ohne ein Bußgeld dabei weg.

In derartigen Beiträgen liest man:

> Und wie Versprochen, nicht gequatscht sofort gemacht! Vor 8 Sunden umgebaut und schon die erste Reaktion der Firma Polizei. Guten Tag, Fahrzeugschein und Führerschein ihr Nummernschild ……. Nach meiner Erklärung meiner politischen Meinung, Motivation und der Nachfrage wo ich im Gesetz nachlesen könne, wo steht

> das es Verboten ist das Kennzeichen so zu montieren, endete die Kontrolle nach circa 3 m Minuten mit den Worten: Klasse! Gute Fahrt. Menschen, Volk, Problembürger, Pack und der Rest!!!!!!!!! MACHT MIT!!!! Wir verstoßengegen kein Gesetz zeigen aber unmissverständlich das wir diese Politik und Un-Rechtsprechung nicht hinnehmen werden. BITTE TEILEN!

An anderer Stelle bekommt man einen ganzen Aufruf zu Gesicht:

> das umgedrehte Kennzeichen könnte zu einem Erkennungsmerkmal unter allen aufgewachten Menschen werden...wie ein Flashmob und nein es ist nicht verboten...es muss nur gut sichtbar angebracht sein!

Die Aufrufenden beziehen sich hierbei darauf, dass im Gesetzestext nicht eindeutig zu finden sei, dass ein Kennzeichen am Fahrzeug nicht umgedreht angebracht werden darf. Nun … tatsächlich, diese Anforderung findet man in der FZV unter der »Verordnung über die Zulassung von Fahrzeugen zum Straßenverkehr (Fahrzeug-Zulassungsverordnung – FZV) § 10 Ausgestaltung und Anbringung der Kennzeichen« wirklich nicht. Daraus könnte man nun ableiten, dass man ein KFZ-Schild, weil es kein explizites Verbot gibt, durchaus umgekehrt anbringen darf. Und genau darauf beruft sich die Theorie. Festgelegt sind Winkel, Mindesthöhen und Beleuchtungen, jedoch nirgends ist erwähnt, dass ein KFZ-Schild umgekehrt hängen darf.

Wirklich nicht?

Und wieder ein Haufen pseudojuristischer Spitzfindigkeiten! Oh Facebook, du Quelle der Weisheiten, was hast Du hier wieder hervorgeschwemmt! Bereits seit Jahren kommt die Frage nach umgedrehten Kennzeichen immer wieder in Autoforen auf, und hier ist man sich immer durchweg einig: Ein KFZ-Schild muss deutlich sichtbar angebracht werden, dazu gehört auch die Leserichtung. Diskussionsthreads dazu reichen bis 2008 zurück.

Web Bilder News Videos Mehr Suchoptionen

Beliebiges Land Beliebige Sprache 1. Jan. 2000 – 31. Dez. 2008 Nach Relevan:

welche strafe droht mir? [Geplaudere Forum] - BMW-Syndikat
www.bmw-syndikat.de › Forum Übersicht › Geplaudere Forum
04.05.2008 - 17 Beitrage - 9 Autoren
ich hatte das nummernschild mit roten kennzeichen aber hinter der ... nummernschild muss gut sichtbar angebracht werden ... Die Kennzeichen müssen – in Leserichtung – waagerecht und gut erkennbar (sauber und nicht umgedreht) an der ...

Und nun kommen auf einmal BRD-Verweigerer und sehen das anders. Wir geben jedoch den Tipp: Bitte dreht Eure Nummernschilder nicht um! Wenn jemand das Bedürfnis hat, sich als BRD-Verweigerer erkennbar zu machen, dann haut Euch Aufkleber an die Heckklappe, jedoch dreht nicht die Kennzeichen. Dass man dabei ohne Bußgeld davonkommt, ist nämlich eher ein Gerücht oder das gelegentliche Zufallsprodukt ahnungsloser Kontrolleure.

»Ferner ist dafür zu sorgen, dass die vorgeschriebenen Kennzeichen stets gut lesbar sind.«

So steht es im § 23 der StVO »Sonstige Pflichten von Fahrzeugführenden«. Mit gut lesbar ist natürlich auch gemeint: Sauber und in Leserichtung! Und die Leserichtung entspricht natürlich auch der Schreibrichtung.

Eigentlich ist es ganz einfach: In Mitteleuropa nutzen wir die lateinische Schrift. Diese ist eine waagerechte und rechtsläufige Schrift. Noch mal deutlich: Wir schreiben und lesen von links nach rechts. Wer nun also ein Kennzeichen umgedreht anbringt, verändert die Leserichtung einer aufrecht stehenden beziehungsweise sitzenden Person. Und somit ist die Lesbarkeit alles andere als gut. Da braucht man auch nicht schwurbeln und behaupten, man könne ebenso schnell

Bußgeldkatalog

A. Zuwiderhandlungen gegen § 24 StVG

c) Fahrzeug-Zulassungsverordnung

Betriebsverbot und -beschränkungen

Lfd. Nr.	Tatbestand	FZV	Bußgeld/ Fahrverbot
(178)	(aufgehoben)		
178a	Betriebsverbot wegen Verstoßes gegen Mitteilungspflichten oder die Pflichten beim Erwerb des Fahrzeugs nicht beachtet	§ 13 Absatz 1 Satz 5, Absatz 4 Satz 1 § 48 Nummer 7, 12	40 €
179	Ein Fahrzeug in Betrieb gesetzt, dessen Kennzeichen nicht wie vorgeschrieben ausgestaltet oder angebracht ist; ausgenommen ist das Fehlen des vorgeschriebenen Kennzeichens	§ 10 Absatz 12 i. V. m. § 10 Absatz 1, 2 Satz 2 und 3 Halbsatz 1, Absatz 6, 7, 8 Halbsatz 1, Absatz 9 Satz 1 auch i. V. m. § 16 Absatz 5 Satz 3	10 €

Screenshot: Deutscher Verkehrssicherheitsrat

Texte lesen, die umgedreht und von rechts nach links verlaufen, wie normal dargestellte Texte. Ein umgedrehter Text ist zwar lesbar, jedoch auf keinen Fall in gleichem Umfang gut lesbar wie ein in Leserichtung vorhandener Text.

Und keine Bußgelder? Na, selbst diese Behauptung sollte man nicht zu laut aussprechen. Zumindest nach § 10 Abs 2, 12 § 48 FZV; § 24 StVG; 179 kämen 10 € zustande.

Ebenso ist Vorsicht geboten, wenn man den § 22 der StVG liest. Dieser ist umso drastischer, wenn es sich um eine rechtswidrige Absicht handelt:

§ 22 KENNZEICHENMISSBRAUCH

(1) Wer in rechtswidriger Absicht

1. ein Kraftfahrzeug oder einen Kraftfahrzeuganhänger, für die ein amtliches Kennzeichen nicht ausgegeben oder zugelassen worden ist, mit einem Zeichen versieht, das geeignet ist, den Anschein amtlicher Kennzeichnung hervorzurufen,

2. ein Kraftfahrzeug oder einen Kraftfahrzeuganhänger mit einer anderen als der amtlich für das Fahrzeug ausgegebenen oder zugelassenen Kennzeichnung versieht,

3. das an einem Kraftfahrzeug oder einem Kraftfahrzeuganhänger angebrachte amtliche Kennzeichen verändert, beseitigt, verdeckt oder sonst in seiner Erkennbarkeit beeinträchtigt, wird, wenn die Tat nicht in anderen Vorschriften mit schwererer Strafe bedroht ist, mit Freiheitsstrafe bis zu einem Jahr oder mit Geldstrafe bestraft.

Jeder von uns weiß: Verkehrskontrollen können unterschiedlich ausfallen. Es mag durchaus vorkommen, dass der eine oder andere Polizist sich unsicher ist (selbst das klingt schon zweifelhaft), jedoch gilt: gut lesbar bedeutet auch in Leserichtung angebracht. Das ist so selbstverständlich, dass es im Grunde nicht extra ausgesagt werden muss.

Ein herzlicher Dank gilt an dieser Stelle der Polizei NRW Essen, die kurz nach unserer Blogveröffentlichung dieses Textes ebenfalls eine eindeutige Information gegeben hat:

> Ein findiger Autofahrer und Facebook-Nutzer kam auf die Idee, sein Kennzeichen um 180 Grad gedreht an sein Fahrzeug zu schrauben. Nicht genug, postet er dies auf seiner Facebook-Seite und ruft dazu auf, ihm Gleiches zu tun!
>
> Auch wenn dieser Rechtskenner behauptet, Polizisten haben ihm zum Auffinden einer Rechtslücke im Rahmen einer Kontrolle bereits gratuliert, sei allen mutigen Nachahmern gesagt: § 10 FZV i.V.m. Anlage 4 schreibt genauestens vor, wie und wo ein Kennzeichen angebracht werden muss: lesbar und das natürlich nicht kopfüber!

Wer es anders macht, kann sein Portemonnaie auch schon mal umdrehen und ein paar Euros rausfallen lassen.

Leider kein Spaß mehr

Was in der Vergangenheit oftmals nur Theorie war, wird immer öfter bittere Realität. »Reichsbürger« stellen sich offen gegen den Staat, stürmen eine Gerichtsverhandlung, attackieren die Polizei. Behörden setzen zum Schutz ihrer Mitarbeiter mittlerweile Notruftasten ein, und der Verfassungsschutz des Landes Brandenburg hat sich genauer mit dem Phänomen »Reichsbürger« auseinandergesetzt.

Kein Witz: Er hat sogar eine Broschüre unter dem Titel »Reichsbürger« herausgebracht. Dieses kleine Büchlein, das als PDF auf der Webseite des Landes Brandenburg einsehbar ist, beschäftigt sich mit dem Phänomen der »Reichsbürger« und wie aus juristischer Sicht damit umzugehen ist (© Potsdam, Juli 2015 Redaktionsschluss: Juli 2015 Demos – Brandenburgisches Institut für Gemeinwesenberatung in Trägerschaft von »Demokratie und Integration Brandenburg e.V.«)

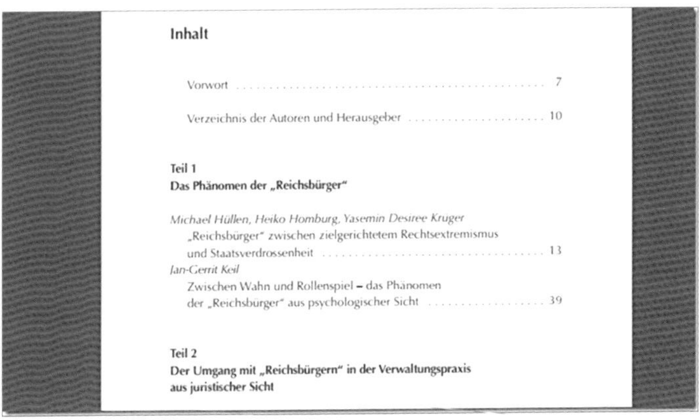

Inhalt

Anfangs begegnete uns das »Reichsbürgertum« hauptsächlich mit dem Argument, die BRD sei kein souveräner Staat, also müsse man sich auch seinen Rechtsorganen nicht unterwerfen. Das haben wir weiter oben ja bereits erklärt, ebenso wie die Masche mit den gedrehten Kennzeichen, so quasi als Erkennungssymbol untereinander. Wir haben uns früher in der Schule ja auch Geheimsymbole auf die Hände gemalt, damit wir erkennen konnten, wer in unserer Bande war.

Allerdings werden, auch durch die zunehmende Aufmerksamkeit der Medien, Vorfälle bekannt, die über den oben erwähnten Unsinn weit hinausgehen. In den vergangenen Jahren haben etwa 200 »Reichsbürger« in ganz Brandenburg Mitarbeiter und Behörden bedroht oder gewalttätig attackiert. Polizisten werden von »Rechtsbeihilfen« bedrängt, die sich nur mit einem Fantasie-Ausweis legitimieren, da sie laut eigener Aussage »kein Personal der BRD-GmbH« sind. Eine Gruppe Bürger in Fantasieuniformen mit der Aufschrift »DPHW (Deutsches Polizei Hilfswerk)« wird gegenüber einem Gerichtsvollzieher gewalttätig. In Brandenburg und Sachsen werden umfangreiche Waffenfunde bei Razzien gemacht, die sogenannte »Reichsbürger« gehortet hatten.

Diese Vorfälle sind nur die Spitze des Eisbergs. Denn längst haben die »Reichsbürger« den Punkt überschritten, an dem man sie als harmlose Spinner abtun kann. Gewisse Damen und Herren scheinen der Ansicht zu sein, den optimalen Zeitpunkt gefunden zu haben, um mit ihren kruden Theorien um sich zu werfen. Vor allem Facebook hat sich dabei hervorgetan. Ironischerweise ist es gerade diese Netzwerk-Erfindung der »bösen Besatzungsmacht« Amerika, die von den

Aktivisten genutzt wird, um sich zu vernetzen. Und wer die Löschpolitik von Facebook kennt, kann sich auch gut vorstellen, warum. So wird vor allem in politischen Facebookdiskussionen die Theorie von »Deutschland als nicht souveränem, von den USA gelenktem Staat« immer öfter salonfähig.

Wie geht man damit um? Letztendlich gibt auch die Broschüre kein Patentrezept an die Hand, wie man hier, speziell was den Cyberspace angeht, gegensteuern kann. Grundsätzlich raten wir von langen Argumentationen ab! Anhänger der Reichsideologie sind vernünftigen Argumenten nicht zugänglich, ihnen geht es ohnehin nur darum, die eigene Meinung bestätigt zu sehen. Somit ist jegliche Diskussion obsolet. In aller Regel kommt dort nämlich früher oder später das Totschlagargument, dass der Diskussionskontrahent ja auch nur »Systemling« und deshalb sowieso im Unrecht sei. #Schlafschaf.

Gerade weil sich »Reichsbürger« immer aggressiver verhalten, plant auch Brandenburgs Finanzministerium in einer Pilotphase die Einführung von Notruftasten für die Finanzämter. Dieses Pilotprojekt soll zunächst in den Finanzämtern in Calau und Königs Wusterhausen getestet werden. Eine Tastenkombination an den Computern dieser Finanzämter soll einen stillen Alarm auslösen, eine Amok-Alarm-Funktion sei ebenfalls angedacht. Sollte sich das System bewähren, soll es flächendeckend eingerichtet werden, so berichtet die Märkische Allgemeine Zeitung. Ebenso wird darüber nachgedacht, sukzessive die Finanzämter so umzubauen, dass der Publikumsverkehr nur noch in bestimmten Bereichen der Ämter stattfindet.

An dieser Stelle endet jedoch unser Diskurs über die »Reichsbürger«, denn hier wurde unlängst die Schwelle von einer virtuellen Theorie zu einer harten Realität überschritten.

Vorsicht! So manche Verschwörungstheorie klingt plausibel, viele der Argumente und Beweisführungen sind mit (juristischem/chemischem/biologischem) Halbwissen konstruiert, sodass sie äußerlich geschlossen wirken und der Leser dazu neigt, der Theorie auf dem Leim zu gehen.

Kühlen Kopf behalten! Viele der Pseudo-Juristeleien führen in die Falle, denn in der Realität gelten nun mal Gesetze. Umgedrehte Nummernschilder, einbehaltene Steuern oder gestürmte Gerichtssäle bleiben nicht ohne Konsequenzen, auch wenn das nicht auf Facebook gepostet wird.

Geheime RFID-Chips, Flugzeuge mit Menschen kontrollierenden Sprühmitteln und nichtexistierende Staaten: An dieser Stelle kann man einen der berühmtesten Hashtags der Reichsbürgerszene gegenläufig anwenden: #denkmaldrübernach!

KAPITEL 6

SOZIALE MEDIEN UND MANIPULATIONEN

An dieser Stelle ein kleines Geständnis: Dieses Kapitel ist das Kapitel, das als letztes geschrieben wurde. Das hat einen besonderen Grund: Es ist vielleicht das wichtigste von allen. Wichtig, weil sein Inhalt nicht nur einen Großteil unserer Arbeit darstellt, sondern auch die stärksten Auswirkungen auf unseren Alltag hat.

Denn unser Alltag, unsere Überzeugungen und letztendlich auch unser gesellschaftliches Handeln sind im Laufe der Zeit mehr und mehr durch manipulative Meldungen auf Facebook beeinflusst worden. Um hier gleich dem Eindruck entgegenzutreten, dass es jetzt parteiisch würde: Nein, darum geht es nicht.

Im folgenden Kapitel wird kein Links-rechts-Bild aufgebaut oder mit dem Finger auf eine Seite gezeigt. Im Gegenteil! Unser Ziel ist es, eine diskussionsfähige Mitte zu halten und zu stärken. Nichts wäre fataler, als sich blind auf politische Aussagen und Meldungen zu verlassen. Das gilt für alle Seiten.

Und da sich in den letzten Jahren politisch motivierte Stimmen immer mehr der Quellenverzerrung, bewusst unscharfer Darstellung und teilweise auch deutlicher Fälschungen bedienten, ist die Notwendigkeit einer besonnenen Rezeption wichtiger denn je. Daher werden wir an dieser Stelle nochmals deutlich die Formen der politischen Einflüsse auf Facebook zeigen.

VERSCHÄTZT: #NEULAND

»Das Internet ist für uns alle Neuland«, sagte Kanzlerin Merkel am 19. Juni 2013 auf einer Pressekonferenz mit US-Präsident Obama. Dieser Satz ist symptomatisch für die damalige Zeit, er drückt aus, wie behäbig die Politik mit den Inhalten des Netzes umging. Es ist von uns jetzt nicht böse gemeint, jedoch muss man diese Art der Fehleinschätzung gerade in Bezug auf Facebook hier einmal wirklich ins Rampenlicht stellen.

Facebook war lange Zeit ein Spaßmedium, das mit Food-Porn, Farmville und ein paar unsinnigen Pseudo-Charakterspielen glänzte. Politik, speziell eine radikale Rechts-links-Debatte gab es nur abseits der Hauptthemen oder vereinzelt in speziellen Facebookgruppen. Politiker selbst nutzten Facebook über lange Jahre nur sporadisch bis gar nicht. Gerade bei Vertretern der gesellschaftlichen Mitte sowie bei Behörden oder auch bei der Polizei wurden Facebook und die dort stattfinden Diskussionen lange nicht ernst genommen. Facebook war eine entlegene Region im nicht ernst zu nehmenden »Neuland«, eine Art wilder Westen, der man jedoch von offizieller Seite kaum Bedeutung zugestand. Das war in unseren Augen ein großer Fehler, da sich daraufhin insbesondere die extremeren gesellschaftlichen Kräfte das kostengünstige soziale Netzwerk und seine Funktionsweise zunutze machten und in diesem Medium nun einen uneinholbaren Vorsprung haben.

Gerade durch diese Fehleinschätzung von höchsten Stellen und durch die daraus resultierende Vernachlässigung durch die Mitte der Gesellschaft haben die extremen Stimmen ein extrem wirkungsvolles Feld quasi kampflos überlassen bekommen. Eine Spielwiese, auf der sie auf unkomplizierteste Art und Weise direkten Zugang zu einer Menschenmenge bekommen, wie er so im »Straßenkampf«, durch Kundgebungen oder Wahlplakate niemals möglich gewesen wäre. Über die sozialen Netzwerke hatten diese extremen Kräfte gleich Zugang zum intimsten Bereich ihrer bereits vorhandenen, aber auch der potenziellen Zielgruppen: dem privaten PC-Bildschirm in deren Zuhause.

Dadurch erreichen Themen, die im Grunde kaum salonfähig sind, auf einmal Menschen, die sich so zwischen Kaffee und Tagesschau, ohne dass sie sich dessen überhaupt bewusst werden, mit dem Thema konfrontiert sehen. Aus Mangel an Gegenargumenten und ohne Stimmen, die zur Besonnenheit mahnen, wirkt hier jede noch so krasse Theorie oder Behauptung plausibel.

Wir alle wissen: Wer auf Facebook der erste mit einer Behauptung ist, ist auch derjenige mit der gefühlt höchsten Glaubwürdigkeit. Ob der Inhalt stimmt, ist dann gerne auch mal ohne Bedeutung, man kann im »Neuland« behaupten, was man will. Und das fast immer, ohne Konsequenzen befürchten zu müssen, denn das »Neuland« ist ja quasi juristisches Niemandsland. Gestehen wir es uns einfach mal ein: Man kann sich noch so sehr für Gesetze im Netz aussprechen, getarnt durch ein anonymes Allerweltsprofil lässt sich in sozialen Netzwerken weiterhin vollkommen ungestraft der Mittelfinger zeigen. Wer sollte es denn ahnden? Auch die Klarnamenpflicht auf Facebook ist eher mahnende Geste als echte Pflicht. Und selbst wenn jemand unter Realnamen auf Facebook Lug und Trug verbreitet: Das hat keinerlei juristische Konsequenzen. Die Behauptung, Landsmann XY habe einen Supermarkt nicht nur überfallen, sondern direkt leergeräumt, bleibt, auch wenn dessen Unschuld klar bewiesen ist, für den Behauptenden straflos. Wer Politikern mittels Bildcollage ein gefälschtes Zitat in den Mund legt, braucht dafür ebenso keinerlei Konsequenzen zu befürchten.

Ein Phänomen, das sich in jüngster Zeit manifestierte, lässt einfach jede Art von Unsinn oder Lüge unter dem (Schein-) Prädikat »Satire« laufen. Frei nach Tucholskys »Satire darf alles« beruft man sich auf die Narrenfreiheit – um narrenfreie Aussagen zu transportieren. Und wenn's dann doch mal eng werden sollte, kann man ja einfach alles löschen. Also erst verlogen, dann feige – sozusagen … Eine interessante Beobachtung ist da zu machen: Gerade jene Seiten, Blogs und »alternative Medien«, die am lautesten über eine Lügenpresse jammern, geben ihre eigene Identität nicht preis. Kann man machen, man muss sich dann aber nicht wundern, wenn man nicht flächendeckend ernst genommen wird.

Warum behandeln wir nun das »ausgelutschte« Neuland-Thema zuerst in diesem Kapitel? Weil es ganz einfach zeigt, wie sehr eine politische Vernachlässigung und Fehleinschätzung des Internets und auch der sozialen Netzwerke dazu führen kann, dass sich extreme Gruppierungen diese Mittel zu eigen machen und überaus erfolgreich nutzen. Die Mechanismen und auch Resultate wollen wir in diesem Kapitel genauer beschreiben.

STÖRER UND DEREN UNANTASTBARKEIT

Schon mal in sozialen Netzwerken so richtig die Sau rauslassen wollen? Kein Problem: Erstelle Dir ein Zweitprofil! Klar, ist verboten, aber wen interessiert das? Das Portal kann da zumindest am Anfang wenig machen, da ist schon eine kleine Meldewelle nötig, um Facebook dahin zu bewegen, eine Klarnamenprüfung zu unternehmen. Anonyme Zweitprofile genießen Narrenfreiheit und agieren als sogenannte Störerprofile. Denn wenn man sein Zweitprofil nur ansatzweise clever aufbaut, kann man damit jede Sau durchs Dorf peitschen, ohne sein wahres Ich zu beschädigen.

Kurz die Info: Wir reden an dieser Stelle bewusst nicht von Trollen, da dieser Begriff in unseren Augen nicht nur auf Störer anzuwenden ist, sondern auch konstruktive Trolle umfasst und somit nicht grundsätzlich negativ zu bewerten ist. Scanne den QR-Code uns lies unseren Artikel »Trollerei auf Facebook«.
Störerprofile hingegen agieren in der Kommunikation destruktiv und verhalten sich in der Art und Weise, wie sie Inhalte veröffentlichen, recht einseitig.

Grundsätzlich gilt hier: Wer seine wahre Identität niemandem preisgegeben hat, kann ohne Rücksicht auf Verluste andere beleidigen, Lügen in die Welt setzen und ungestraft geltendes Recht übertreten. Schauen wir uns an dieser Stelle mal an, wie verschiedene Störerprofile auftreten:

Da gibt es die *Kommentarstörer*. Sie bemächtigen sich der Kommentarfunktion und versuchen, mit störenden und destruktiven Kommentaren eine laufende Diskussion fehlzuleiten beziehungsweise nach eigenen Wünschen zu formen. Vergleichbar den klassischen Kommentartrollen schlängeln sich diese Profile durch die Kommentarthreads, akzeptieren Antworten auf ihre Fragen nicht, ändern die Fragestellungen von allein und winden sich grundsätzlich aus allen stichhaltigen Beweisen, um diese in das Gegenteil zu verkehren. Gleichzeitig äußern sich Kommentarstörer mit Absicht ungenau. So liest man häufig Aussagen wie: »Habe ich an anderer Stelle bereits angeführt« oder »Wenn Du das nicht findest, ist das nicht mein Problem«. Der Kommentarstörer agiert dabei nicht direkt beleidigend, sondern eher arrogant und herablassend und wird, egal wie erdrückend eine Beweislage in der Gegenargumentation auch sei, niemals, wirklich niemals zugeben, dass er Unrecht hat.

Profilstörer hingegen gehen weniger auf die Jagd nach Wortgefechten. Sie legen virtuelle Feuer und animieren andere Menschen dazu, ihre oftmals gefälschten und überspitzten Inhalte zu verbreiten. Sie agieren innerhalb des Resonanzraumes Facebookgruppe und nutzen die unten beschriebene Filterblase auf Facebook für ihre Suche nach Gleichgesinnten, indem sie auf ihrem eigenen Profil in kurzen Zeitabständen einseitige Meldungen veröffentlichen und diese Inhalte dann in Facebookgruppen hineintragen, um dort zu zündeln und Menschen anzustacheln.

Exkurs Resonanzraum & Filterblase

Facebookgruppen gelten als Resonanzraum innerhalb des Netzwerkes. Das ist grundsätzlich harmlos: Auto- und Tuningfans treffen sich in Tuninggruppen und Hobbyköche treten Gruppen mit regem Rezeptaustausch bei. Die Interessensbeschränkung der Gruppen dient dazu, dass explizit nur diese Themen dort behandelt werden und keine anderen Themen ablenken. Über die Einhaltung des Gruppenthemas und der Inhalte wacht der Administrator, der die alleinige Gewalt hat, Themen, Kommentare und/oder Teilnehmer aus der Gruppe zu entfernen.

Diese Gruppen kann man jedoch auch manipulativ nutzen, indem man dem Gruppenthema mehr Bedeutung beimisst als ihm zukommt. Denn grundsätzlich gilt: Die Teilnehmer einer Gruppe erwarten Beiträge zum Gruppenthema. Was in harmlosen Kochgruppen lediglich originelle Rezepte sein mögen, sind in politisch motivierten Gruppen durchaus propagandaartige Meldungen. Da diese Meldungen innerhalb der Gruppen auf fruchtbaren Boden fallen, bestärken sie zunächst einmal die bereits vorhandenen Vorurteile der Teilnehmer und werden dann in einem weiteren Schritt aus der Gruppe herausgetragen und somit an anderen Stellen weiterverbreitet. Gruppen sind also eine ideale Keimzelle für dramatisierte Inhalte, die dem Gruppentenor entsprechen, da diese aufgrund der Vorurteile der Gruppenmitglieder eher nicht hinterfragt werden und dem guten Gefühl der Teilnehmer dienen.

Unter dem Begriff Filterblase (Englisch: »Filterbubble«) versteht man im allgemeinen Sprachgebrauch das Phänomen, dass einem User nur Meldungen angezeigt werden, die seiner Meinung beziehungsweise seinen Vorlieben entsprechen. In Bezug auf Facebook heißt das also, dass Nutzer (fast) nur solche Posts eingeblendet bekommen, die ungefähr den Inhalten entsprechen, die sie liken, kommentieren und teilen. Ähnlich wie bei der personalisierten Werbung entsteht so ein auf den User individuell zugeschnittenes Angebot, das aber in diesem Falle halt nicht aus Waren, sondern aus Informationen beziehungsweise Posts besteht. Die Filterblase in sozialen Netzwerken – aber auch auf Google! – bestimmt also in gewisser Weise jedermanns Wahrnehmung der eigenen Realität.

Ihr kennt das: Ihr sucht ohne Hintergedanken nach einem neuen Buch bei Amazon oder einem anderen Anbieter. Kurze Zeit später erscheinen auf eurer Facebook-Startseite, auf eurer Lieblingsnewsseite oder einer anderen von euch besuchten Webseite die passenden Anzeigen und Inserate. Diesen Prozess – das Analysieren und Auswerten des individuellen Surfverhaltens – machen sich soziale Medien wie auch Werbevermarkter zunutze.

Was auf der Suche nach Produkten oder Dienstleistungen durchaus angenehme Effekte haben kann, hat bei Facebook und Co. teilweise negative Konsequenzen. Diese Plattformen sind ja bekanntlich daran interessiert, den Nutzern Beiträge, Links und Bilder zu zeigen, die den jeweiligen Interessen entsprechen. Ein Veganer wird beispielsweise mit veganen Seiten interagieren, nach entsprechenden Rezepten suchen und sich mit Gleichgesinnten in Gruppen austauschen – und Facebook wird ihm daraufhin mehr zu diesem speziellen Thema anzeigen. In der Konsequenz kann das dazu führen, dass das Thema für den Nutzer überhandnimmt und es so wirkt, als wäre sein gesamtes Umfeld vegan oder zumindest an diesem Thema interessiert. Andere Themen oder kontroverse Berichterstattungen gehen unter.

Das große Problem ist hierbei, dass der Nutzer so vor allem bei politischen oder gesellschaftlichen Themen bevorzugt solche Meldungen und Inhalte angezeigt bekommt, die seine eigene Meinung und sein Weltbild stützen. Und das mit zunehmender Intensität, was zur Folge hat, dass ein verfälschter Eindruck der Gesellschaft entsteht. Kritische Stimmen werden effektiv ausgefiltert, und der Nutzer befindet sich in einer Blase aus Meldungen, die seine Meinung bestätigen, was den Eindruck erweckt, dass die Mehrheit diese Meinung teilt.

ANONYME BLOGS UND FACEBOOKSEITEN

Über die Hälfte aller Facebooknutzer holen sich politische Informationen von Seiten auf Facebook beziehungsweise über persönliche Meinungen befreundeter Profile. Das Statistikportal Statista ermittelte 2016 bei einer Umfrage, dass 68,4 Prozent aller Facebooknutzer in Deutschland sich auf Medienseiten wie beispielsweise Fanpages über politische Themen informieren und zudem 57,1 Prozent aller Nutzer persönliche Meinungen von Freunden zur politischen Information nutzen. Laut selbiger Statistik sagen lediglich 21,6 Prozent aller Facebooknutzer aus, dass sie Facebook nicht als Informationsquelle für politische Themen nutzen. Das ist eine ganz klare Minderheit.

Kombiniert mit dem Wesen der Filterblase führt der hohe Grad an politischem Informationsbedürfnis auf Facebook zu einer Radikalisierung der eigenen Meinung: Wer sich auf Facebook politisch informiert und dabei durch das Netzwerk in seiner eigenen Filterblase gehalten wird, bekommt somit nur die Seiten angezeigt, die Facebook für passend hält. Für eine differenzierte Darstellung einer politischen Diskussion reicht jedoch diese einseitige Darstellung von Inhalten nicht aus, und somit bekommen die jeweiligen Rezipienten immer mehr das Gefühl, für ihre eigene Position gäbe es kaum bis gar keine Gegenstimmen, beziehungsweise die auftauchenden Gegenstimmen seien lediglich einzelne Irrende.

Anstelle einer offenen Landschaft an unterschiedlichen Meinungen bekommen Nutzer stattdessen immer mehr gleichartige Seiten und Positionen eingeblendet, die mit der Wirkungsweise der Filterblase spielen oder einseitig und manipulativ arbeiten. Im Zuge der Radikalisierung der eigenen Filterblase werden auch extremere Elemente eingeblendet, man trifft in einzelnen Gruppen auf radikalere Profile, die Inhalte aus Quellen unsicherer Herkunft auf Facebook wiedergeben.

Wirkungsweisen

So stolpert man immer wieder über Blogs oder Facebookseiten, die wie ein journalistisches Newsportal auftreten, sich dabei als alternative Medien ausgeben, jedoch letztendlich mit echtem Journalismus wenig bis gar nichts zu tun haben, sondern lediglich eine Meinungsplattform darstellen. Für Facebooknutzer ist oftmals auf den ersten Blick nicht wirklich zu erkennen, ob es sich bei einem verlinkten Inhalt um eine professionell betriebene journalistische Plattform handelt oder ob sich ein anonymer Blog als journalistisches Medium ausgibt.

Ein Beispiel für einen solchen alternativen und meinungsgeladenen Politweblog ist der mittlerweile nicht mehr existierende »Netzplanet«. Wie Maschinengewehrsalven flogen dort die Titel durchs Netz, harte Titel, die bereits beim Lesen beängstigen:

> »Asylant kassiert viermal Stütze, weil der Deutsche so blöd ist und bezahlt«, »Asylanten klauen – Supermärkte sollen auf Polizei und Anzeige verzichten?« oder »Asylanten drohen mit Ermordung und Vergewaltigung von Anwohner/innen?«

Inhaltlich kann man jedoch nahezu all diese Meldungen zusammenfassen und in folgender Kurzform widergeben: Der tüchtige deutsche Bürger wird, weil er anständig ist und sich nicht zur Wehr setzt, von jungen männlichen Asylbewerbern (vorzugsweise afrikanischer Herkunft) finanziell ausgebeutet, und jene dürfen sich sogar über deutsche Gesetze hinwegsetzen. Wahlweise müssen auch deutsche Frauen und Kinder darum fürchten, jederzeit vom selbigen überfallen und missbraucht zu werden. Legal natürlich. Daher sollte sich genannter deutscher Bürger zur Wehr setzen.

Das sind die Inhalte, die im »Multikulti-Bereich« des Netzplaneten widergegeben wurden.

Zu behaupten, der Netzplanet hätte seine selbstgerechten Artikel erfunden, wäre nun eine Lüge. In der Tat lag einem jedem Bericht eine Meldung, ein Vorfall oder eine Begebenheit vor, die sich in ähnlicher Weise abgespielt hat – jedoch weit weniger drastisch als geschildert. So werden Asylbewerber sarkastisch als »Kulturbereicherer« oder »hoch qualifizierte und dringend benötigte Fachkräfte« verhöhnt. Einzelne Vorfälle werden beschrieben, als seien sie die Regel.

Ein anschauliches Beispiel ist die Empörung über ein Schulbuch zum Buchstabenlernen, in welchem bei der Lektion zum Buchstaben »Ü« ein Drittel einer einzelnen Seite mit sechs türkischen Beispielwörtern bedruckt sei. Der Rest des 122 Seiten starken Buches ist jedoch auf Deutsch gehalten. Grund genug für den Netzplaneten, doch tatsächlich von »Islamisierung« zu sprechen!

Bei einem anderen Mittel der manipulativen Darstellung bekommen Titel und Themen den Zusatz »Leserzuschrift« oder »Leserkommentar«:

LESERKOMMENTAR: ASYLANT KASSIERT VIERMAL STÜTZE, WEIL DER DEUTSCHE SO BLÖD IST UND BEZAHLT

Janina 13. April 2015 Multikulti Kommentare

Screenshot der nicht mehr existierenden Seite Netzplanet

Was das im Klartext bedeutet, muss man sich mal so richtig auf der Zunge zergehen lassen! Mit dem Zusatz »Leserkommentar« im Titel nahm sich der Netzplanet das Recht heraus, eine wilde These propagieren zu können, weil ein Leser (wenn es denn einer ist) dieses so behauptet. So wird zum Beispiel eine völlig anonyme und unbelegte Aussage von einer Seite namens hartgeld.com entnommen und unreflektiert wiedergegeben. Diese »Leserkommentare«, die weder Lesernamen noch Quellen nennen, wurden also vom Netzplanet als eigenständige Themen verkauft. Dort wusste man sich im Vorfeld aber gekonnt davon zu distanzieren (vermutlich ist man sich bewusst gewesen, dass es sich um Schwachsinn handeln könnte) und kennzeichnete daher das Thema brav als »Leserkommentar«.

Im Endeffekt ist so eine Aussage in etwa vergleichbar mit »Gedächtnisprotokoll« – oder wie man es bei »Mieten, kaufen und wohnen« auf VOX so schön sagt: »Die Geschichten unserer Makler sind teilweise frei nacherzählt«. Mehr Glauben kann und durfte man den anonymen Lesergeschichten des Netzplaneten nicht schenken.

Es waren ja nicht allein die Macher des Netzplaneten, die ihre Wut und ihren Hass nutzten, um Angst in der Bevölkerung zu verbreiten. Es gibt weit mehr berühmt-berüchtigte Seiten dieser Art. Die vielen Blogs ohne Impressumsangabe wirken durchaus manipulativ: Inhalte werden 1:1 kopiert und sind an vielen unterschiedlichen Stellen zu lesen. Wer also aus einem Blog wie dem Netzplaneten eine Information entnommen hat, die NICHT in den normalen Presse- und Medieninformationen vorkam, kann bei einer Suchmaschinen-Suche nach diesen Inhalten massenhaft Ergebnisse angezeigt bekommen. In den Suchergebnissen findet man eine Vielzahl politischer Meinungsblogs, die jedoch ihre Artikel jeweils alle voneinander übernommen haben. Dadurch entsteht für den, der es so sehen möchte, quasi der Eindruck, dass die Mainstreampresse, in deren Nachrichten dieses Thema ja nicht zu lesen war, selbiges absichtlich verschwiegen habe.

Neben dem parallelen Kopieren gibt es noch eine zweite Methode der Informationsverzerrung, die durch politische Meinungsblogs betrieben wird: das temporär verzögerte Veröffentlichen. Wir haben mehrfach beobachten können, dass Inhalte ohne Ursprungsdatum mehrere Monate nach einer Erstveröffentlichung erneut veröffentlicht wurden. Damit wird der Anschein einer Häufung erweckt, obwohl der beschriebene Vorfall ja nur einmalig stattfand. Forciert wird dieser Eindruck, indem auf jegliche Art von Datierung verzichtet wird und dem Leser bei jeder Veröffentlichung erneut suggeriert wird, es handele sich um eine aktuelle Information.

Ein Beispiel, das die oben aufgeführten Praktiken wunderbar demonstriert, ist die Behauptung vieler alternativer Politblogs, in Schweden herrsche Bürgerkrieg. Im Oktober 2015 flutete die Meldung über Tausende Migranten, die angeblich Brände in der schwedischen Hauptstadt legten, durch eine große Menge der »Wahrheitsblogs«.

An dieser Stelle empfiehlt es sich, parallel eine Suchmaschine im Browser zu öffnen und nach den Worten »tausende migranten legten brände in hauptstadt« zu suchen, quasi als Realexperiment. Neben den hierauf bezogenen Aufklärungsartikeln von ZDDK/Mimikama findet man eine große Menge an Blogeinträgen aus dem Oktober 2015, die alle völlig identisch sind. Hier wurde also mehrfach parallel ein und dieselbe Meldung gepostet, die gleichzeitig nicht in einem einzigen journalistischen Pressemedium zu dieser Zeit zu finden ist.

> Die Unruhen, die länger andauerten als die Unruhen in England im Sommer 2011, begannen letzte Woche, nachdem die Polizei einen ausländischen Rentner niedergeschossen hatte, der drohte, sie mit einer Machete anzugreifen.

Dies mag zunächst den Eindruck erwecken, dass etwas verschwiegen werden solle. Viele Kommentatoren sprachen gar von einer Pressesperre, da man in den etablierten Medien nichts davon las. Nun, das hatte im Oktober 2015 auch einen deutlichen Grund, denn die Meldungen über einen bürgerkriegsartigen Zustand in Schweden waren kausal und zeitlich völlig auf den Kopf gestellt. Es gab in der Tat Unruhen in Schweden, jedoch sind diese auf den Mai 2013 zu datieren. Und wenn man die Beschreibungen der Blogartikel liest, dann bemerkt man, dass exakt diese Unruhen gemeint sind. Die Angabe »letzte Woche« ist in Verbindung mit dem bewussten Auslassen eine deutliche Manipulation der Information und gibt diese temporär versetzt wieder.

Welche Wut und was für ein Hass sind hier im Spiel – ohne belegbaren Grund, allein um Andersartigkeit zu bekämpfen!

Der Netzplanet oder andere meinungsbildende Politblogs haben sich mit Meldungen diesen Genres, die ja in den seriösen Medien nicht erschienen, zum selbsternannten »Wahrheitsmedium« stilisiert. Aus dieser Warte nehmen sie sich heraus, lautstark gegen die sogenannte »Lügenpresse« zu wettern.

Das Phänomen »Lügenpresse«

Die Dreistigkeit alternativer Meinungsmedien, klassische journalistische Arbeit als »Lügenpresse« zu bezeichnen, hat tatsächlich dazu geführt, dass sie von vielen Teilen der Leserschaft in ihrem Informationsgehalt echter journalistischer

Arbeit gleichgesetzt werden. Die Leser, wie ja bereits weiter oben in diesem Kapitel beschrieben, informieren sich politisch vorrangig auf Facebook, und sie nehmen somit auch die Diskussion um »Lügenpresse« und »Wahrheitsmedium« auf. Es fällt ihnen schwer, zwischen professionell-journalistischer Arbeit und meinungsbildendem Blog zu unterscheiden. Und diese Leser – sie haben ja bereits oft genug den Lügenpressevorwurf gehört – tendieren in Teilen nach einer Weile dazu, eher den Meinungsblogs zu glauben, da diese ihren vorgeformten Erfahrungen aus der eigenen Filterblase entsprechen.

Doch was hat es mit »Lügenpresse« auf sich? Der Begriff ist tatsächlich bereits über hundert Jahre alt und wurde 2014 zum 24. »Unwort des Jahres« gewählt. Ein Auszug aus der Pressemitteilung (Quelle: www.unwortdesjahres.net/fileadmin/unwort/download/pressemitteilung_unwort2014.pdf):

> Das Wort »Lügenpresse« war bereits im Ersten Weltkrieg ein zentraler Kampfbegriff und diente auch den Nationalsozialisten zur pauschalen Diffamierung unabhängiger Medien. Gerade die Tatsache, dass diese sprachgeschichtliche Aufladung des Ausdrucks einem Großteil derjenigen, die ihn seit dem letzten Jahr als »besorgte Bürger« skandieren und auf Transparenten tragen, nicht bewusst sein dürfte, macht ihn zu einem besonders perfiden Mittel derjenigen, die ihn gezielt einsetzen. Dass Mediensprache eines kritischen Blicks bedarf und nicht alles, was in der Presse steht, auch wahr ist, steht außer Zweifel. Mit dem Ausdruck »Lügenpresse« aber werden

> Medien pauschal diffamiert, weil sich die große Mehrheit ihrer Vertreter bemüht, der gezielt geschürten Angst vor einer vermeintlichen »Islamisierung des Abendlandes« eine sachliche Darstellung gesellschaftspolitischer Themen und differenzierte Sichtweisen entgegenzusetzen. Eine solche pauschale Verurteilung verhindert fundierte Medienkritik und leistet somit einen Beitrag zur Gefährdung der für die Demokratie so wichtigen Pressefreiheit, deren akute Bedrohung durch Extremismus gerade in diesen Tagen unübersehbar geworden ist.

Das Menetekel »Lügenpresse«, wenn auch in den meisten Fällen völlig absurd, hat zumindest bewirkt, dass sich Journalisten zunehmend selbstkritisch mit dem Vorwurf auseinandersetzen und auch offen und transparent über verschiedene Problemstellungen diskutieren. Ein Beispiel dafür waren die Journalismustage im April 2016 in Österreich: Unter dem Thema »Glaubwürdigkeit« diskutierten Journalisten über verlorengegangenes Vertrauen, Schlagseiten-Vermeidung und Korrekturen von Fehlern.

Ebenso symptomatisch für diesen Prozess journalistischer Selbstreflexion ist die Aussage von Dunja Hayali, die in ihrer Dankesrede zur Verleihung der Goldenen Kamera in der Kategorie »Beste Information« betonte:

> »Diskutieren Sie mit uns. Weisen Sie uns auf Fehler hin. Wir sind Journalisten, wir sind keine Übermenschen. Wir machen Fehler. Deswegen sind wir aber noch lange keine Lügner.«

Niemand behauptet, Journalisten oder die Presse berichteten jederzeit fehlerfrei, das wäre falsch und auch überheblich. Doch eine selbstkritische Haltung wie auch der offene Umgang mit eigenen Fehlern ist dann doch eher ein deutliches Indiz für eine Arbeit, die um Ehrlichkeit und Wahrheit bemüht ist.

Politblogs und Meinungsmedien tun sich dagegen ungleich schwerer mit dem Eingeständnis eigener Fehler. Oftmals will man diese viel lieber mit voller Absicht weiter aufrechterhalten. So schießt man dann gerne mit dem Begriff »Systempresse« um sich, der suggerieren soll, dass es sich bei Medien mit abweichenden Darstellungen um staatlich gelenkte und manipulierte Informationsstellen handelt.

Ein weithin bekanntes Beispiel für die Symbiose von Pseudo-Wahrheitsmedium und meinungsbildender Politseite auf Facebook ist die sehr bekannte Facebookseite »Anonymous. Kollektiv«

DAS PHÄNOMEN »ANONYMOUS.KOLLEKTIV«

»Was? Mimikama legt sich jetzt mit Anonymous an?« An dieser Stelle gibt es zur Differenzierung eine Erklärung: Nein, Mimikama hat nicht vor, sich auf irgendeine Weise mit Anonymous-Aktivisten anzulegen, gerade weil wir teilweise gute Beziehungen zu einzelnen Aktivisten hegen. Womit wir jedoch immer wieder ein Problem haben beziehungsweise hatten, ist die Facebookseite mit dem Namen »Anonymous. Kollektiv«, auch #FakeAnonymous genannt.

Der Begriff »Anonymous« steht für Macht, eine anonyme Macht. Eine faszinierende Macht. Eine Macht, die viele hinter ihrem kleinen Heim-PC gerne besäßen. Mithilfe einer Maskenoptik in ihren Profilbildern zeigen sie sich entsprechend nach außen hin gerne als »Anonymous«. Wer auf Facebook halbwegs aktiv ist und auch hier und da schon mal Anonymous »cool gefunden« hat, kennt die Seite mit der Adresse »Anonymous.Kollektiv«.

Mittlerweile ist diese Seite von Facebook gelöscht worden, eine der größten politisch motivierten Seiten auf Facebook somit zerschlagen. Auch wenn die Administratoren dieser Seite in anderen Netzwerken weiterhin unter diesem Namen aktiv sind, wie zum Beispiel auf dem russischen Facebook-Pendant »VK«, so haben all diese Seiten und Gruppen nicht ansatzweise diese Reichweite, wie sie die Facebookseite »Anonymous.Kollektiv« besaß.

Es bedurfte einiger Aufklärungsarbeit, um zu erläutern, dass man es dabei bestimmt nicht mit dem Anonymous-Netzwerk im ursprünglichen Sinne zu tun hatte. Die auffällige Mischung aus Trutherthemen[1] und Reichsideologien sowie der Einsatz einseitiger Quellen als Untermalung der eigenen Theorien ließen früh vermuten, dass hier die berühmte Guy-Fawkes-Maske als Symbol für Anonymous lediglich als Trittbrett genutzt wurde.

---

1 Als Truther (von engl. truth: die Wahrheit, auch Trutherbewegung) bezeichnen sich im deutschen Raum diverse Gruppen und Einzelpersonen, die – von einem Dogma enttäuscht oder von einer Verschwörungstheorie inspiriert – daran glauben, durch Regierungen, Behörden oder Massenmedien systematisch und gezielt fehlinformiert oder belogen zu werden.

Wer auch immer diese Facebookseite »Anonymous.Kollektiv« mit gut zwei Millionen Followern (Stand: Frühjahr 2016) administriert hat, hat ganz klar nichts zu tun gehabt mit jenen Seiten, die als Anonymous in sozialen Netzwerken agieren. Auf der Facebookseite trafen rechtspopulistische Inhalte auf die Maskenoptik: Anonymous kann jeder sein, aber »Anonymous.Kollektiv« auf Facebook hatte nur wenig mit dem Charakter der Anonymous-Bewegung gemeinsam. Auf den Punkt gebracht: Was sich da Anonymous nannte, bewegte sich fernab der Themen, die die Anonymous-Aktivisten ursprünglich verfolgt haben.

Beliebte Themen auf »Anonymous.Kollektiv« auf Facebook waren:

- Verschwörungstheorien (BRD GmbH, Bilderberger, Chemtrails, Deutschland ist von Amerika besetzt u. v. m.)
- pro-russische Propaganda
- rechtes Gedankengut
- Fremdenfeindlichkeit bis hin zu Rassismus (Aufgrund gewisser Verschwörungstheorien wird gegen Juden, aber auch gegen Muslime gehetzt.)

Je länger man auch die Facebookseite »Anonymous.Kollektiv« beobachtete, desto mehr bemerkte man, dass dort so gut wie gar keine Themen aus den Bereichen IT oder Netzkultur zu finden waren. Man konnte daher davon ausgehen, dass diese Seite als einseitiges Propagandasprachrohr genutzt wurde und Verbindungen zu rechtspopulistischen Medien hegte.

So scheute sich die Seite auch nicht, Artikel unter gezielter Auslassung von Informationen zu Halbwahrheiten verkommen zu lassen und diese dann so zu veröffentlichen, dass Leser bewusst manipuliert wurden. Und das alles unter dem Etikett »Wahrheitsmedium«.

Die Kollektiv-Seite schwamm dabei deutlich auf der Anonymous-Welle mit, die insbesondere durch die Operation OpISIS entstanden ist und deren Fanzahlen innerhalb weniger Monate quasi verdoppelt hat. Seit dem 13. November 2015, dem Zeitpunkt der IS-Terroranschläge in Paris, ist der Begriff OpISIS in den Medien verstärkt in den Vordergrund gerückt. Dieser Begriff ist jedoch nicht erst seit damals im Umlauf. Vielmehr handelt es sich bei OpISIS um eben eine Operation der »Ghost Security Group«, einer Hackergruppe im Umfeld von Anonymous, die bereits seit dem Februar 2015 aktiv ist, um auf vielfältige Weise die Kommunikation des IS zu stören, sowie auch eine Art nachrichtendienstliche Arbeit zu betreiben. Im Konkreten geht es zunächst darum, die Kommunikationskanäle des IS in sozialen Netzwerken zu stören oder zu zerstören. Hauptangriffsziel sind hier die IS-Twitteraccounts. Diese Accounts sollen »genullt« werden, um die Propaganda zu minimieren. Involviert werden in diesem virtuellen Feldzug aber auch »normale« User, indem IS-Accounts öffentlich gemacht werden, damit man sie melden kann.

Hier geht es nicht mehr um irgendwelche Masken bei Facebook, bei der »Ghost Security Group« und der dort betriebenen OpISIS handelt es sich um Operationen fernab von dem, was in sozialen Netzwerken greifbar ist. Ebenso ist das auch keine einfache »Anonymous«-Aktion vieler unorganisierter Menschen, sondern eine zielgerichtete Operation. Eine Operation, die auch entkoppelt von dem Begriff Anonymous gesehen werden muss. Und erst recht entkoppelt von dem Phänomen »Anonymous.Kollektiv«.

Oft tauchte in diesem Zusammenhang die Frage auf: Warum hat Anonymous eigentlich nicht die Facebookseite »Anonymous.Kollektiv« gehackt, um dem Spuk ein Ende zu bereiten? Nun, die Antwort ist so einfach, wie auch gleichzeitig unbefriedigend: Einen Facebookaccount zu »hacken«, bedeutet gleichzeitig auch, Facebook zu »hacken«. Das ist nicht einfach so möglich, da wird sich ein milliardenschwerer Konzern durchaus adäquat gesichert haben. Wir reden hier ja gerade nicht von irgendwelchen popeligen Phishingversuchen oder kleinen DDoS-Attacken, sondern davon, dass man Facebook angreift, um Zugriff auf einen Account zu bekommen, der diese Seite administriert. Nein, das ist eher im Bereich des kaum Möglichen angesiedelt.

Und somit agierte »Anonymous.Kollektiv« lange unter dem Segel der Guy-Fawkes-Maske. Die Gefahr, welche jederzeit von dieser Seite ausging, lag in deren Größe und Reichweite: Das »Anonymous.Kollektiv« war mit seinen gut zwei Millionen Abonnenten der wohl größte deutschsprachige Verteiler von Verschwörungstheorien und rechtspopulistischen Ansichten. Gleichzeitig erwarteten die Leser unter dem Namen Anonymous natürlich ein »ehrenhaftes« Aktivistennetzwerk sowie deren »geheime« Informationen.

Diese Erwartungen erfüllte »Anonymous.Kollektiv« jedoch auf höchst eigene Art: Seine geheimen Informationen bestanden zumeist aus manipulierten Desinformationen, der Hype um ein mächtiges »gutes« Netzwerk und dessen Aktivisten wurde missbraucht, um Wut und Hass zu streuen.

Hochmut kommt vor dem Fall

Der sogenannte »Migrantenschreck« dürfte wohl der Stolperstein gewesen sein, der »Anonymous.Kollektiv« zu Fall brachte. Zur Begriffsklärung: Beim »Migrantenschreck« handelt es sich um eine »Produktbeschreibung« für Schusswaffen, die von »Anonymous.Kollektiv« stark beworben wurden. Das Problem an dieser Stelle: Mit Werbung für leicht zu beschaffende Waffen, die Gummigeschosse verschießen, wurde auch zur allgemeinen Bewaffnung gegenüber Migranten, Politikern und Andersdenkenden, also faktisch zu Gewalt beziehungsweise Gewaltbereitschaft auf der Straße aufgerufen. Geworben wurde mit Slogans wie:

> »60 Joule Mündungsenergie strecken jeden Asylforderer nieder.«

In seiner ursprünglichen Form lag der Webshop auf einem Webspace, der unter der Adresse migrantenschreck.ch erreichbar war. Als Inhaber dieser Webadresse firmierte Mario Roensch. Ein Name, der in Verbindung mit »Anonymous. Kollektiv« durchaus öfter gefallen ist. Diese Adresse wurde von einem schweizer Provider gehostet, der sie jedoch recht schnell sperrte, um sich zu schützen. Auf Anfrage vermeldete er:

> Wir konnten in dem besagten Fall die Webseite aufgrund einer externen Meldung deaktivieren.

Danach wich »Migrantenschreck« auf eine andere Adresse aus und war unter www.migrantenschreck.net erreichbar. Ein Check zeigte: Auch hier war der Name Roensch als Inhaber hinterlegt. Der Domänenhost der .net-Adresse war diesmal ein deutscher Provider.

```
Creation Date 2016-05-06T00 00 00Z
Registrar Registration Expiration Date 2017-05-06T00 00 00Z
Registrar Cronon AG
Registrar IANA ID 141
Registrar Abuse Contact Email abuse@strato de
Registrar Abuse Contact Phone +49        1460
Reseller
Domain Status ok
Registry Registrant ID
Registrant Name Mario Roensch
Registrant Organization
Registrant Street Große
Registrant City Erfurt
Registrant State/Province
Registrant Postal Code 99084
Registrant Country DE
Registrant Phone +49 152          9
Registrant Phone Ext
Registrant Fax
Registrant Fax Ext
Registrant Email mario.roensch@
Registry Admin ID
Admin Name Mario Roensch
Admin Organization
Admin Street Große
Admin City Erfurt
Admin State/Province
```

Kurzzeitig war auf dem entsprechenden Webspace der komplette Shop, in dem man die Waffen kaufen konnte, wieder erreichbar. Doch das war nur von kurzer Dauer: Die Adresse migrantenschreck.net wurde deaktiviert und leitete fortan auf eine russische Adresse weiter. Unter migrantenschreck.ru entstand dann der Webshop zum mittlerweile dritten Mal.

Warum das Ganze? Nun, wahrscheinlich liegt es daran, dass man unter der russischen Anmeldung keine Angaben zum Seiteninhaber bekommt, hier erscheint lediglich die Angabe »Private Person«.

По данным WHOIS.TCINET.RU:

```
% By submitting a query to RIPN's Whois Service
% you agree to abide by the following terms of use:
% http://www.ripn.net/about/servpol.html#3.2 (in Russian)
% http://www.ripn.net/about/en/servpol.html#3.2 (in English).

domain:        MIGRANTENSCHRECK.RU
nserver:       ns3-l2.nic.ru.
nserver:       ns4-cloud.nic.ru.
nserver:       ns4-l2.nic.ru.
nserver:       ns8-cloud.nic.ru.
nserver:       ns8-l2.nic.ru.
state:         REGISTERED, DELEGATED, UNVERIFIED
person:        Private Person
registrar:     RU-CENTER-RU
admin-contact: https://www.nic.ru/whois
```

Dass wir als ZDDK/Mimikama all diese Hintergründe recherchiert und aufgedeckt haben, brachte uns in das Visier des Seitenbetreibers. Er sah sich genötigt, einen Einschüchterungsversuch in unsere Richtung zu starten und setzte kurzerhand eine Parodie von ZDDK sowie unsere echte Vereinsadresse in das Impressum der Seite.

Zusätzlich interessant ist das Namenskonstrukt des angeblichen Geschäftsführers: »Thomas Wolf« ist kein anderer als die Mischung aus »**Thomas** Wannenmacher« und »Andre **Wolf**«.

Netter Versuch – aber letztendlich unwirksam, da wir uns nicht versteckt haben, sondern eine Stellungnahme für Leser und Pressevertreter veröffentlicht haben.

Hat dem Betreiber abermals nicht geschmeckt, und so holte er zum nächsten … ja, wie darf man es nennen … Gegenschlag aus. Mit diesem Schlag hat er sich jedoch verschätzt und fiel innerhalb von Stunden vom Höhepunkt seines Schaffens ganz tief hinab.

Wir schreiben Samstag, den 21. Mai 2016, den Tag, an dessen Morgen »Anonymous.Kollektiv« seine Gegner noch scharf angriff, am Abend jedoch die Seite Geschichte war und zudem eine Kette von Ereignissen auslöste.

An diesem Tag tauchte auf den Seiten des »Anonymous. Kollektiv« auf »VK« und auch auf Facebook ein Bankauszug auf, der einen »Leak« darstellen sollte und als Beweis aufgeführt wurde, dass Mimikama mediengesteuert sei. Nun, bei diesem Bankauszug handelt es sich um eine Fälschung, das hatten zu dem Zeitpunkt bereits andere vor uns bewiesen.

Aber wir wären nicht Mimikama, wenn wir diesen gefälschten Auszug nicht gründlich analysiert hätten, und bald konnten wir auch sagen, woher er stammt. Es handelt sich dabei um folgenden Auszug, hier in seiner ursprünglichen (ja, der Fälscher hat seine Version verändert und neu hochgeladen) Version:

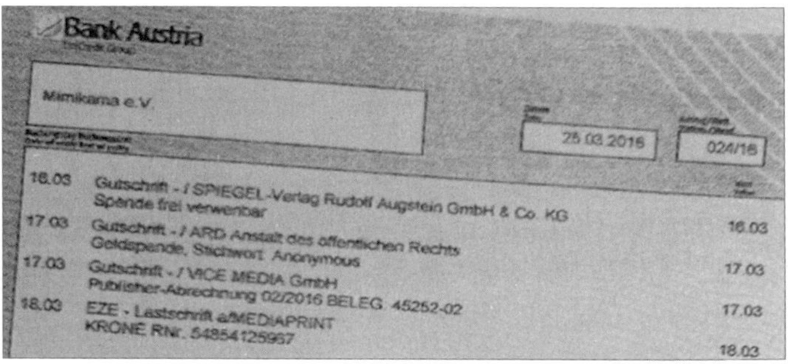
Bank Austria

Mimikama e.V.

25.03.2016 024/16

18.03 Gutschrift - / SPIEGEL-Verlag Rudolf Augstein GmbH & Co. KG
Spende frei verwendbar 16.03

17.03 Gutschrift - / ARD Anstalt des öffentlichen Rechts
Geldspende, Stichwort: Anonymous 17.03

17.03 Gutschrift - / VICE MEDIA GmbH
Publisher-Abrechnung 02/2016 BELEG 45252-02 17.03

18.03 EZE - Lastschrift a/MEDIAPRINT
KRONE RNr. 54854125967 18.03

Zunächst: Woher kannte der Fälscher die Bankverbindung und wusste, dass Mimikama ein Konto bei der Bank Austria hat? Das ist ziemlich einfach: Auf unserer Infoseite für Spenden ist diese Bankverbindung angegeben. Keine wirkliche Zauberei also. Ebenso haben wir exakt sieben Fehler in der Fälschung entdeckt, mit denen deutlich nachgewiesen werden konnte, dass es sich um eine Fälschung handelte.

Zudem haben wir den »originalen« Kontoauszug gefunden! Wirklich. Das Muster dieses Bankauszuges kann sich jeder bei der Bank Austria herunterladen, und das hat auch der Fälscher gemacht. Als Vorlage diente Max Mustermann. Sogar eine Position wurde übernommen.

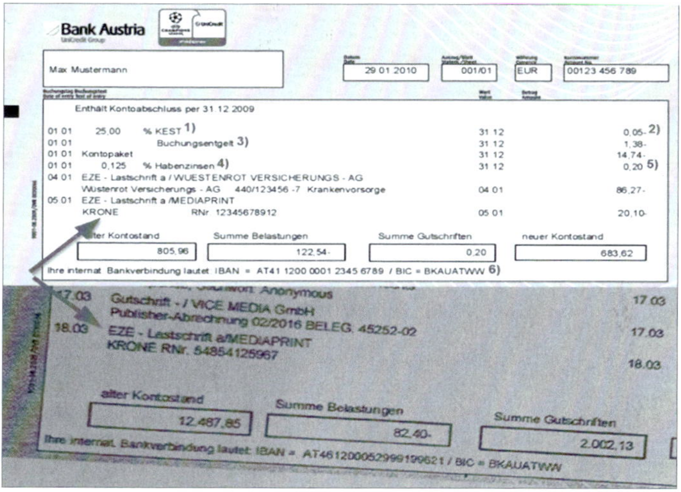
Bank Austria
UniCredit Group

Max Mustermann

29 01 2010 | 001/01 | EUR | 00123 456 789

Enthält Kontoabschluss per 31 12 2009

01 01	25,00 % KEST 1)	31 12	0,05- 2)
01 01	Buchungsentgelt 3)	31 12	1,38-
01 01	Kontopaket	31 12	14,74-
01 01	0,125 % Habenzinsen 4)	31 12	0,20 5)
04 01	EZE - Lastschrift a / WUESTENROT VERSICHERUNGS - AG		
	Wüstenrot Versicherungs - AG 440/123456 -7 Krankenvorsorge	04 01	86,27-
05 01	EZE - Lastschrift a /MEDIAPRINT		
	KRONE RNr 12345678912	05 01	20,10-

...lter Kontostand	Summe Belastungen	Summe Gutschriften	neuer Kontostand
805,96	122,54-	0,20	683,62

Ihre internat Bankverbindung lautet IBAN = AT41 1200 0001 2345 6789 / BIC = BKAUATWW 6)

...Anonymous

17.03	Gutschrift - / VICE MEDIA GmbH	17.03
	Publisher-Abrechnung 02/2016 BELEG 45252-02	
18.03	EZE - Lastschrift a/MEDIAPRINT	17.03
	KRONE RNr. 54854125967	18.03

alter Kontostand	Summe Belastungen	Summe Gutschriften
12.487,85	82,40-	2.002,13

Ihre internat. Bankverbindung lautet: IBAN = AT46120005299199621 / BIC = BKAUATWW

Klar, ein einfaches Dementi von unserer Stelle hätte natürlich gereicht, aber das wäre unserer letztendlich nicht würdig gewesen.

Nach Bekanntwerden dieser Fälschung äußerten sich die anderen genannten Stellen zu dem Bankauszug: Sowohl ARD,

SPIEGEL, VICE und letztendlich auch die Bank Austria bestritten seine Echtheit. Einige der genannten behielten sich zudem Rechtsmittel vor.

Doch das war noch nicht das Ende dieses turbulenten Tages, der noch eine besondere Überraschung beinhalten sollte:

»Anonymous.Kollektiv« sowie die neu daran gekoppelte Plattform migrantenschreck.ru sind in den Fokus der Journalisten gerückt. Daher gab es an den vorangegangenen Tagen eine gebündelte Berichterstattung mehrerer Medien mit der Zielsetzung, auf das Verhalten von »Anonymous.Kollektiv« aufmerksam zu machen und auch Facebook als Anbieter der Plattform unter Druck zu setzen, damit dem Treiben der Seite ein Ende gesetzt wird.

Das Ergebnis: Am Abend des 21. Mai 2016 verschwand die Seite »Anonymous.Kollektiv« von Facebook. Wenige Tage später konnte man in der Presse lesen, dass der mutmaßliche Betreiber nicht nur mehrfach angezeigt wurde, sondern auch untergetaucht war. Ein kollektiver großer »Flurfunk« von Journalisten, die gemeinsam und verlagsübergreifend an dieser Geschichte arbeiteten, um ins Dunkel des Anonymen ein Licht der Klarheit zu bringen, hatte die Möglichkeiten seriösen Journalismus im besten Sinne demonstriert.

MEDIEN & MACHT

Ein großer Teil der Irritationen und Missverständnisse in sozialen Netzwerken geht jedoch auf die Kappe einer höchst zweifelhaften Art der Berichterstattung: des Klickjournalismus. Klickjournalismus, das bedeutet so viel wie reißerische und stark konstruierte Überschriften, die speziell mit dem Ziel erstellt wurden, Menschen dazu zu bewegen, einen Artikel anklicken. Wichtige Elemente des Klickjournalismus sind optimierte Artikelvorschaumeldungen auf Facebook; im Grunde wird also klassisches Clickbaiting betrieben.

Clickbaiting – ein Exkurs

Das was hier steht und fast jeder auf Facebook macht, wird dir die Augen öffnen! Was die Clickbaiter nämlich damit verfolgen, ist zwar das, was jedem klar ist, jedoch hast du es dir noch nie so bewusst vor Augen halten lassen. Mit jedem einzelnen Satz, der diese Geschichte vorantreibt, wirst du dich fragen, warum das so gut funktioniert. Es wird dich schockieren, wie sehr verbreitet dieses Phänomen ist. Denn es ist das, was natürlich jeder irgendwie macht. Deine Sehnsucht wird geweckt, wenn du nur diesen Titel liest, denn es steckt ja so viel mehr dahinter. Es wird dich fangen, es wird dich mitnehmen, es wird dich dorthin entführen, wo du noch nicht warst. Doch es wird dich schockieren: Denn mit dem Ergebnis hast du so nicht gerechnet!

Jaja, nun genug gesülzt. Doch es war nötig, um zu verdeutlichen, wie ein allgegenwärtiger Mechanismus in den sozialen Netzwerken funktioniert. Clickbaiting bewegt den

Leser dazu, einer Vorschau auf Facebook zu folgen, um sich mit einem Klick dann den Inhalt als Ganzes darstellen zu lassen. Gut gemachtes Clickbaiting ist Gold wert! Denn je mehr Zugriffszahlen aufgrund eines gut gestrickten Teasers eine Seite verbuchen kann, desto wertvoller war der Einsatz.

Rote Pfeile, nichtssagende Kreise und vielversprechende Sätze, die einem das Wasser im Munde zusammenlaufen lassen: Es gibt unzählige Möglichkeiten, einen Clickbait aufzubauen. Am Ende zielen sie alle darauf ab, den Leser emotional zu packen und zum neugierigen Klick zu verführen. Clickbaiting-Links erwecken ein Bedürfnis, ja geradezu ein Verlangen, speziell diese Vorschau anzuklicken und den verlinkten Beitrag zu öffnen. Je größer das Verlangen ist, desto höher natürlich die Wahrscheinlichkeit, dass der Leser der Vorschau folgt. Die Themen werden idealerweise so gewählt, dass jeder Leser eine Meinung dazu hat und diese dann möglichst auch noch in den Kommentaren kundtun will.

Clickbaiting ist eine Kunst, und nicht jeder hat ein Händchen dafür. Hast du selbst schon mal ausprobiert, wie gut du Clickbaiting betreiben kannst? Natürlich gibt es diverse Bausteine, die du als Handwerkszeug verwenden kannst. Das beginnt bei der Wahl des Titelbildes, das üblicherweise eine stinknormale Durchschnittssituation zeigt. Dann musst du auf diesen Bildern mit roten Kreisen oder Pfeilen arbeiten, um auf irgendetwas hinzuweisen, was man sowieso nicht erkennt. Dann noch eine krasse Schlagzeile – und schon wird eine dramatische Situation, ein unerwartetes Phänomen aufgebaut. Es wird angedeutet, DASS etwas geschieht, jedoch nicht gesagt, WAS geschieht. Denn diese Auflösung bekommt der Leser ja erst im Text.

Auch der Charakter der gewählten Wörter ist überaus dramatisch. Gesteigerte Adjektive, am liebsten natürlich der Superlativ, werden bevorzugt verwendet. Und gerade wenn es um Aufzählungen oder Best-ofs geht, werden sehr gerne Zahlen ist Spiel gebracht.

»Heftig.co« ist ein bekanntes Paradebeispiel für professionelles Clickbaiting. Aber grundsätzlich kann das jeder betreiben, jedoch gehört schon ein gewisses Gespür dazu, genau den Sehnsuchtsnerv des Lesers zu treffen. Im Grunde ist Clickbaiting auch keine Schande, sondern entspringt der Notwendigkeit, da man ja naturgemäß Aufmerksamkeit erregen will, die eigenen Inhalte auf Facebook so knackig und werbeträchtig wie möglich darzustellen. Somit betreibt im Grunde jeder irgendwo Clickbaiting. Nur jeder betreibt es anders.

Doch am Ende ist es beim Clickbaiting die Größe der »Neugierlücke«, die den Enttäuschungsgrad des Lesers bestimmt. Gemeint ist damit: Wer in der Vorschau überproportionale Erwartungen auf einen spektakulären Inhalt weckt, sollte auch einen entsprechend guten Inhalt liefern. Wenn sich hinter dem Köder jedoch nur banalste Stories ohne Gehalt verbergen, muss sich am Ende niemand über enttäuschte Leser wundern.

Überschriftenscheißerei

Es gibt allerdings noch eine Steigerung, quasi die »Mutter des Clickbaitings«, bei der der Inhalt nun wirklich völlig irrelevant ist: die Überschriftenscheißerei!

Überschriftenscheißerei, mit einer meinungserzeugenden und gerne auch komplett irreführenden Überschrift, bedeutet, dass Klickjournalisten auch noch ihr letztes bisschen an journalistischem Ethos über den Haufen werfen und – die Klickkurve immer im Blick – vornehmlich daran feilen, wie man die Erwartungshaltung der Leser in Höchstgeschwindigkeit mit Schlagzeilen bedient, ohne letztendlich wirklich

Inhalt liefern zu müssen beziehungsweise dann einen Inhalt liefert, der gar nichts mit der Schlagzeile zu tun hat.

Gibt's nicht? Gibt es täglich! Und da wundern jene klickjournalistischen Portale sich, wenn Menschen »Lügenpresse« schreien, wenn das Vertrauen in die Presse verloren geht. Uns wundert es manchmal gar nicht mehr. Wirklich. Uns steht eher die Verwunderung im Gesicht, warum sich einige Pressemedien selbst in dieses Vertrauensloch navigieren.

Medien haben eine Wächterfunktion. Sie werden auch als »Vierte Gewalt« (nach dem Muster der Gewaltenteilung) oder publikative Gewalt charakterisiert. Im Gegensatz zu Exekutive, Legislative und Judikative ist die mediale Gewalt jetzt keine wirkliche Staatsgewalt, aber ihr kommt eine wichtige Kontrollaufgabe zu. Dadurch, dass Medien für die Öffentlichkeit arbeiten und selbst Öffentlichkeit schaffen, tragen sie jedoch eine gewisse Verantwortung. Doch wo ist diese Verantwortung hin? Sie ist – an manchen Stellen – weg! Und das schreiben wir an dieser Stelle einfach mal ganz plakativ, denn im Bereich Überschriftenscheißerei ist die Pflicht zu journalistischer Sorgfalt im Grunde völlig abhandengekommen.

Unser lieber Freund und »Volksverpetzer« Thomas Laschyk stellte in Bezug auf Onlinejournalismus folgende These auf:

Du willst einen journalistischen Artikel schreiben? Suche dir zwei der drei unten stehenden Punkte aus. Auf den dritten musst zu verzichten:

- Nicht zu lang
- Leicht verständlich
- Inhaltlich korrekt

Aaah. Wann hat man einen Sachverhalt so verkürzt und vereinfacht, dass er nicht mehr richtig wiedergegeben wird …?

Und damit hat er recht! Man kann sogar noch einen Schritt weitergehen: Wer Klickjournalismus und Überschriftenscheißerei betreibt, hat leider immer das Dilemma, nur die ersten zwei Punkte wählen zu können. Das spiegelt sich natürlich auch in der Qualität der Artikel wieder.

Natürlich ist der Klickjournalismus am Ende auch immer eine gewisse Konsequenz aus dem Leserverhalten beziehungsweise der Zielgruppe, für welche die Inhalte auf Facebook veröffentlicht werden. An dieser Stelle kommt nun viel von dem zusammen, was wir bereits vorher in diesem Buch beschrieben haben: Um den knappen Raum, den Facebook für eine Vorschau auf den Artikelinhalt bietet, optimal auszunutzen, helfen meist nur kurze, kernige Aussagen, prägnante Überschriften und ein einprägsames Vorschaubild, das gerne auch mal polarisieren darf. Kurzum: Das Ding muss sitzen. Die Aufmerksamkeit des Nutzers muss geweckt werden, und er muss animiert werden, die Funktionen »gefällt mir«, »teilen« und »kommentieren« zu nutzen. Denn diese Aktivitäten gelten tatsächlich als Indikator für Erfolg. Man spricht an dieser Stelle von »Flies« (engl.), einem ironischen Fachausdruck für die addierten Zahlen von »gefällt mir«, »geteilt« und »kommentiert« zu einem verlinkten Artikel. Es gibt sogar tägliche Charts, aus denen man diese Art des Erfolgs auslesen kann. Insofern kommt es in der Tat auf eine attraktive, emotionalisierende und durchaus auch polarisierende Darstellung eines Artikels in den sozialen Netzwerken an, und da darf eine Überschrift gerne schon mal so dermaßen blenden, dass sie mit dem eigentlichen Inhalt wenig zu tun hat beziehungsweise das Gegenteil aussagt oder in die Irre leitet.

Liebe Klickjournalisten, jammert bitte also nicht, wenn sich Menschen skeptisch gegenüber diesen Methoden der Berichterstattung äußern. Im Grunde betreibt ja jeder auf Facebook Clickbaiting, dagegen gibt es zunächst mal nichts einzuwenden. Manche Medien jedoch schießen mit ausgeklügeltem Clickbaiting weit übers Ziel hinaus und hinterlassen eine enttäuschte Leserschaft. Ich habe es schon öfter betont: Ist die Diskrepanz zwischen Teaser und Inhalt zu groß, ist die Enttäuschung des Lesers vorprogrammiert.

HATE SPEECH

Hate Speech, auf Deutsch manchmal auch mit »Hassrede« übersetzt, ist ein weit verbreitetes Phänomen in sozialen Netzwerken. Speziell in den Kommentaren und auch hin und wieder durch Statusmeldungen auf Facebook initiiert ist zu beobachten, wie Menschen ohne jegliche Skrupel andere beleidigen. Mit Hate Speech ist die oftmals aggressive, manchmal aber auch subtile Ausdrucksweise in Kommentaren gemeint, die den Gesprächspartner beziehungsweise die inhaltlich behandelte Person oder Gruppe mit Worten herabwürdigen und ausgrenzen will. Bei Hate Speech wird es vielfach wirklich dreckig und persönlich: Da viele der Hassredner über anonyme oder nicht-Klarnamen-konforme Profile agieren, werden oftmals aus dem Schutz der Anonymität alle Register gezogen, von Hassbekundungen und Beleidigungen bis hin zu ernsthaften Gewaltandrohungen.

Eine genaue Definition von Hate Speech ist nur schwer zu treffen, da sie in ihrem Kontext betrachtet und gleichzeitig von der angegriffenen Seite auch als solche empfunden werden muss. So kann Hate Speech gegenüber einer Person nur schwer als solche aufgefasst werden, wenn der Aggressor zwar wie ein kleines Rumpelstilzchen poltert, die angegriffene Person sich jedoch in keinster Weise beleidigt fühlt. Sprich: Wie sehr fühlt sich ein unverheirateter Mann bedrängt, wenn ein ihm unbekannter Aggressor droht, dass seine Frau und Kinder am Ende die Leidtragenden sein würden?

Kommt so vor, ist jedoch nicht die Regel. In den meisten Fällen wirkt Hate Speech, indem sie einer Person direkt und aggressiv entgegenschlägt.

Warum Hate Speech funktioniert? Weil es so furchtbar einfach ist, andere in den Kommentarspalten zu erniedrigen, ohne ihnen dabei in die Augen schauen zu müssen. Man muss sich auch keine Sorgen über Konsequenzen machen, denn seien wir mal ehrlich: Wer zum Teufel ahndet denn schon eine auf Facebook geschriebene Beleidigung? Für viele Menschen sind es ja »nur« Worte, und wenn man sich bei zu heftigen Beleidigungen zurückzieht, verstummen die Worte ja auch. Jedoch ist dieser Rückzug genau das, was mithilfe von Hate Speech erreicht werden soll.

Hate Speech ist ein großes und umfassendes Thema und füllt ganze Bücher (an dieser Stelle eine Empfehlung: Ingrid

Brodnig, »Hass im Netz«, Brandstätter Verlag 2016). Wir werden hier lediglich einen Überblick über das Auftreten von Hate Speech zeigen und darauf eingehen, wie man Hate Speech begegnen kann.

Offene Hate Speech

Offene Hate Speech bezeichnet die eindeutige und offensichtliche Kränkung anderer Personen. Dabei werden diese zumeist offen angegriffen und bedroht. Ziel ist es, den Kontrahenten mittels Hassrede zum Schweigen zu bringen. In der Fachsprache nennt man das »Silencing«, jemanden ruhigstellen. Davon sind Profile mit Realnamen stärker betroffen, da die Aggressoren ihrem »Opfer« direkte Folgen für das echte Leben androhen. Im harmlosen Fall droht der Aggressor vielleicht damit, den Arbeitgeber des Angegriffenen zu kontaktieren und gegebenenfalls unwahre Informationen dort zu hinterlassen, im extremen Falle kündigt der Aggressor jedoch an, das Umfeld seines »Opfers« zu kennen und direkte Gewalt ausüben zu wollen. (»Du solltest besser vorsichtig sein, wenn Du das nächste Mal durch XY-Stadt gehst«).

Deutliche Unterschiede gibt es auch zwischen den Geschlechtern: Frauen sind einer wesentlich aggressiveren Hate Speech ausgesetzt. Zum einen ist die Höflichkeitshürde bei der Wortwahl wesentlich niedriger angesetzt, sodass es sehr schnell zu Beschimpfungen im Ton von »Schlampe« und schlimmer kommt, zum anderen sehen sich Frauen recht häufig mit unterschwelligen Androhungen von Vergewaltigung beziehungsweise sexuellen Übergriffen konfrontiert.

Bei Männern hingegen werden eher deren Familienmitglieder in die Drohungen einbezogen, sie werden eingeschüchtert, indem ein Gefahrenszenario gegenüber ihren Kindern oder der Ehefrau angedeutet wird. In diesem Zusammenhang wird durchaus auch das »Doxing« betrieben: Es werden so viele Informationen wie möglich über die Zielperson zusammengetragen und in den Kommentarspalten veröffentlicht, um ein bedrohliches und persönliches Szenario aufzubauen. Für die angegriffene Person soll es sich anfühlen, als sei der Aggressor ganz nah und könne direkten Schaden verursachen.

In diesen Formen von Hate Speech geht es immer darum, einzelne Personen direkt anzugreifen und ruhigzustellen, um keine Gegenstimmen mehr zu haben.

Haben wir es bei den persönlichen Beleidigungen noch eher mit dem Holzhammer zu tun gehabt, so gibt es zusätzlich noch eine subtilere Form des Hate Speech, die wie ein schleichendes Gift arbeitet. Die Worte sind hier andere, die Methode ebenso.

Subtile Hate Speech

Die subtile Hate Speech greift ihre Opfer indirekt und schleichend an. Es ist eine Form der stetigen Herabwürdigung der Gegnerschaft, bis diese keinerlei Glaubwürdigkeit mehr besitzt oder bis sie sich – im schlimmsten Fall – um ihr Existenzrecht gebracht sieht.

Subtile Hate Speech arbeitet mit verstecktem Hass, mit konstruierten Worten und unfairen Vergleichen. Da diese Form der Hassrede jedoch nicht wie ein Dampfhammer einschlägt, sondern eher in der Art eines schleichenden Gifts wirkt, ist eine stetige Wiederholung notwendig. Hat man sich erst mal in den Gegner verbissen, so muss man auch dranbleiben, dabei ist es dem Aggressor recht egal, ob die Vorwürfe auf einem wahren Fundament fußen oder glatt erfunden sind.

Ebenso wichtig für diese Methode ist der Aufbau von herabwertenden Stereotypen. Die subtile Hate Speech nutzt dabei Worte, die in ihrem Ursprung keine negative Bedeutung tragen, jedoch kontextuell und durch leichte Abwandlung des Wortes letztendlich pure Boshaft transportieren. Gemeint sind hierbei Wörter wie »Gutmensch«, »Bahnhofsklatscher« oder »Blumenwerfer« als Synonyme für Menschen, die sich zum Wohle anderer Menschen, zumeist Flüchtlingen, einsetzen.

Auch wer Flüchtende als »Fachkraft« oder »Bereicherer« bezeichnet, reduziert eine Menschengruppe auf einen einzigen Aspekt, dessen Bedeutung dann negativ, ja gar im wahrsten Sinne des Wortes pervertiert wurde, da die ursprüngliche Bedeutung ja durchaus positiv besetzt war. Hier schwingt schon eine gehörige Portion Rassismus mit, wenn diese Worte grob falsch und manipulativ angewandt werden.

Was an dieser Stelle jedoch nicht unterschlagen werden darf: Auch die »gegnerische« Filterblase hat ihre abwertenden Worte. So fallen die Begriffe »Besorgtbürger«, »Aufrechtdeutscher« oder auch »Wahnwichtel« in ein und dieselbe Kategorie, denn diese Umschreibungen verfolgen das Ziel, ihre gegnerische Gruppe herablassend zu beschreiben.

Ein besonderes Phänomen ist die Erscheinung der Hetze unter dem Deckmantel der Satire. Es gibt eine Reihe von Weblogs und Facebookseiten, die absichtlich Lügen streuen und damit unterschwellig Hass aufbauen, und am Ende irgendwo kleingedruckt oder abseits des Inhaltes angeben, dass alles nur Satire sei. Das ist natürlich Unsinn, und man erkennt hier sehr schnell, dass diese Art der Satire den Charakter eines trojanischen Pferdes hat. Besonders hervorgetan hat sich dabei die Seite »Schutzengel-Orga«, die jedoch groß im Titel »Alles nur Satire« trägt. Unter dem Satire-Deckmäntelchen wird schonungs- und vor allem humorlos das ganze Themenspektrum aus dem rechtspopulistischen Meinungsmilieu bedient. Zur Freude des Blutdrucks ihrer Leser, denn der springt.

Bei all den zweifelhaften Begrifflichkeiten, mit denen Menschen in der Wörterschlacht umschrieben werden, ziehen sich oftmals Personen, die eine Vernunftposition vertreten und selbst auf den Gebrauch von Hate Speech verzichten, schnell aus Diskussionen heraus. Und da schnappt dann der Silencing-Effekt zu: Um nicht abwertend beschimpft zu werden, scheuen diese Menschen die Gegenrede. Übrig bleiben in der Diskussion lediglich die Stimmen der extremen Positionen, die da lautstark Wort führen und zugleich für eine fatale Verfälschung des Diskussionsbildes sorgen:

Wer laut ist, wird als »viele« angesehen, wer sich nicht äußert, wirkt wie eine kleine, nicht beachtenswerte Minderheit. Dieses Phänomen führt bei Kommentarschreihälsen und Aggressoren oftmals dazu, dass sie ein falsches Bild der Situation wahrnehmen. Aufgrund am Ende fehlender Stimmen fühlt man sich im Recht und sieht die eigene, wenn manchmal auch irrige Meinung dadurch bestärkt.

Um dieser falschen Darstellung vorzubeugen, ja gar um das Gleichgewicht in Kommentarspalten zu erhalten, fordern viele Gruppen und insbesondere Facebook selbst die Gegenrede, zu Englisch »Counter Speech«.

Counter Speech

Counter Speech soll regulieren. Sie soll die demokratisch digitale Gegenrede zu Hate Speech sein und diese dementsprechend neutralisieren. Counter Speech soll dabei selbst nicht in Hass ausarten, sondern sprachlich gewaltfrei bleiben und mit Argumenten in der Diskussion glänzen. Ideal an dieser Stelle: Wenn gleich mehrere Menschen an einer vernunftbasierten Counter-Speech-Mauer teilnehmen und somit Hate Speech und Aggressoren zum Einlenken bewegen.

Netter Idealismus, oder? Wer sich den ganzen Tag auf Facebook bewegt und die Kommentarspalten verfolgt, bemerkt recht zügig, dass gerade anonym agierende Aggressoren gar nicht im Sinn haben, eine konstruktiv geführte Diskussion zu bestreiten, sondern rücksichtsloses Störertum an den Tag legen. Counter Speech jedoch bringt nur etwas, wenn sich auch das Gegenüber darauf einlässt.

Neben sich windenden Störern gibt es jedoch noch weitere Nutzergruppen auf Facebook, denen Counter Speech letztendlich schnurzegal ist. So gibt es viele Menschen, die hier einfach nur mal Dampf ablassen wollen, teilweise auch nur im Vorbeiziehen und ohne auf dann folgende Kommentare zu achten. Diese sind nicht konzentriert bei einem Thema und in aller Regel auch gar nicht offen für andere Meinungen. Natürlich ist Counter Speech nicht völlig wirkungslos, gerade dann wenn die so angeredete Person echtes Interesse an einer Diskussion hat, doch weit wirksamer ist Counter Speech dann eher im Real Life oder in speziellen Foren, wo die Leute diskutieren WOLLEN. Bei sozialen Medien verpufft der Effekt meist und führt aufgrund von Missverständnissen zu Beleidigungen und unsachlichen Auseinandersetzungen.

Dazu kommt, dass in Geschriebenem die Emotionen nicht immer klar interpretierbar sind. Es fehlen Mimik, Gestik und Tonlage. Wie hat das nun die Person gegenüber gemeint? War das ironisch? Ernst? Sarkastisch? Bösartig? Ein Scherz? Was soll das Emoji bedeuten? Erschwerend kommt hinzu, dass sich viele Leute schriftlich gar nicht korrekt ausdrücken können (während es bei anderen am Leseverständnis hapert), was dann wieder zu neuen Missverständnissen führt. Counter Speech setzt in sozialen Netzwerken wie Facebook also voraus, dass sich alle beteiligten Gesprächspartner verstehen und auch ihre Positionen verständlich darlegen können.

Zudem unterliegt Counter Speech auch der Filterblasenproblematik: Dort, wo indirekt und subtil Wut und Hass gesät werden, gibt es niemanden, die oder der mit Vernunftargumenten dagegenhalten könnte. Entweder fallen diese Inhalte gar nicht in die Filterblasen der Counter Speaker, oder aber Counter Speech geht bei dem Versuch unter, der Hassrede entgegenzutreten. Denn meist gilt: Wer als Einzelner gegenüber einer anders orientierten Meinungsgruppe argumentiert, wird als Troll wahrgenommen und ausgesperrt. Damit hätte sich die Counter Speech von selbst erledigt, auch für die Zukunft, denn einmal blockierte Teilnehmer können auf entsprechenden Seiten oder Gruppen nicht mehr teilnehmen.

Grundsätzlich soll Counter Speech hier jedoch nicht als gescheitert erklärt werden. Vielmehr sollte sie als Ideal auf dem Weg zu einer ausgewogen und fairen Kommunikation angestrebt werden. Leider ist es ein langer und holpriger Weg, und das Miteinander in sozialen Netzwerken muss vielerorts erst noch erlernt werden.

Facebook übrigens liebt das Hausmittelchen Counter Speech. Zumindest eine Counter Speech, die die Nutzer ganz von allein praktizieren, um dann im Anschluss das gehasste Meldeformular nicht mehr in Anspruch zu nehmen. Wäre ja auch bequem, wenn die Nutzer sich selbst regulieren würden und man somit keine weiteren Mühen anstellen müsste. Doch in Verbindung mit der Filterblasenproblematik stellt sich Facebook da selbst ein Bein, denn eine effektive Counter Speech findet nicht in dem Maße statt, um ein wirksames Gegengewicht zu Hate Speech darzustellen. Da bedarf es schon aktiver Eingriffe seitens Facebook.

SPÄTE KONTROLLVERSUCHE

Voller Tatendrang warf sich im Sommer 2014 SPD-Justizminister Heiko Maas in die Schlacht, um gegen Hasskommentare und Hetze auf Facebook vorzugehen. Nun sah sich Facebook, zumindest nach außen hin, in der Pflicht, und man gründete eigens eine Task Force, die gegen Hate Speech vorgehen sollte. Man wolle Gewaltdrohungen künftig ernster nehmen, versprach man.

Grund der Politikerintervention: Niemand dürfe im Umgang mit Hassbotschaften firmeneigene Nutzungsbestimmungen über deutsches Recht stellen. Gefordert wurde, dass strafrechtlich relevante Inhalte möglichst binnen 24 Stunden aus dem Netzwerk zu verschwinden haben. Am 15. November 2015 stellte Maas die Task Force, also jene schnelle Eingreifgruppe vor, die sich um strafrechtlich relevante Inhaltsüberschreitungen bei Facebook kümmern soll. Sie sitzt in Berlin und besteht nach Spiegel-Angaben aus Mitarbeitern von Arvato (100 Prozent Bertelsmann Tochtergesellschaft).

Und dann legte sie los, die Task Force. Oder war es am Ende ein neu kalibriertes Meldesystem von Facebook? Man weiß es nicht, denn trotz neuer Task Force und auch öffentlichem Interesse an der Thematik sind die Bewertungsvorgänge auf Facebook bis heute unverständlich und komplett intransparent. Die Aufmerksamkeit auf eine neue Lösch-

und Sperrpolitik begann mit einem Knall: Facebook sortierte ab März 2016 auf einmal den Hitler aus. Okay, das wurde ja auch groß angekündigt, ebenso wie die Entfernung von Hate Speech als erklärtes Ziel der Task Force. Strafbare Äußerungen, Volksverhetzung, öffentliche Aufforderung zu Straftaten und Bedrohung von Menschen sollen aus dem Netz verschwinden. So kündigte es der Justizminister an.

Und die Löschungen wirkten – jedoch nicht so, wie erwartet! Auf einmal verschwand eine große Anzahl an Seiten aus Facebook, die Inhalte trugen, auf denen Adolf Hitler und/oder nationalsozialistische Symbole zu sehen waren. Das klingt zunächst erst mal nicht verkehrt. Insofern zeigte sich: Die gemeldeten Inhalte wurden entfernt.

Die Frage ist jedoch, ob man von einer Meldewelle gegen bestimmte Inhalte ausgehen kann. Wir haben uns verschiedene Inhalte zusenden lassen, die entfernt wurden. Zumindest ein paar der Seitenbetreiber waren über Sekundäraccounts erreichbar und konnten uns die Bilder zusenden, die zu den Sperrungen geführt hatten. Diese Motive haben alle eins gemeinsam: Es waren Karikaturen, auf denen ein Hakenkreuz oder Adolf Hitler zu sehen war. Karikaturen – keine Hate Speech.

Die Vermutung liegt nun nahe, dass der Meldemechanismus ODER die prüfende Person auf Inhalte mit NS-Symbolik oder Hitlerdarstellungen reagiert, und auf Seiten von Facebook wird hier wiederum nicht differenziert. Auf der anderen Seite gibt es auch gelöschte Inhalte, die die Frage aufkommen lassen, WAS hier eigentlich genau gegen die Richtlinien verstoßen hatte.

Dieses Bild hat nun keinerlei NS- oder Hitlerdesign. Es ist fraglich, auf welcher Grundlage hier eine Sperre verhängt wurde. Diese Löschung gibt Anlass zur Vermutung, dass der Inhalt eines gemeldeten Beitrages nur zweitrangig betrachtet wird und in erster Linie die Quantität der Meldungen zählt. Damit wären natürlich Tür und Tor für jegliche Art der koordinierten Meldungen geöffnet.

Es gibt nun Fakeaccounts, die sich dazu bekennen, diese Inhalte zielgerichtet gemeldet zu haben. Ironie an dieser Geschichte: Diese Accounts entziehen sich der Klarnamenpflicht, was Facebook wiederum nicht schert.

Mal ganz abgesehen von der augenscheinlichen Instrumentalisierung der Meldefunktion und auch der Möglichkeit, harmlose Bilder entfernen zu lassen: Grundsätzlich ist es ratsam, auf die Nutzung von NS-Symbolen oder Hitlerdarstellungen zu verzichten. Auch wenn es »nur« Satire sein sollte.

Mal sind es Hasskommentare, mal überzogen drastische Gewaltdarstellungen, dann wieder hysterische Nippellöschungen: Facebook kommt einfach mit dem mitteleuropäischen Raum nicht klar. Bereits im Jahr 2014 kreideten wir Facebook an, dass man drastischen Tötungsvideos keinen Riegel vorsetze.

Man kann auf Facebook Enthauptungen in voller Videopracht sehen, Tiere, die bei lebendigem Leibe gefoltert und getötet werden und Menschen, die vor laufender Kamera auf übelste Weise durch Schläge und Tritte gedemütigt werden. Darin sieht Facebook immer wieder wenig Grund zum Handeln, obwohl dieses teilweise sehr explizite Material 13-Jährigen nicht hätte zugänglich gemacht werden dürfen und die Persönlichkeitsrechte der gedemütigten Personen massiv verletzt werden.

WENN DIE VIRTUELLEN MANIPULATIONEN SIEGEN

Als Mimikama vor einigen Jahren entstand, hätte wohl niemand gedacht, dass sich auf Facebook irgendwann Fragestellungen ergeben, die weit über jede technische Problematik hinaus bis in die Bereiche der Ethik oder Sozial- und Kulturanthropologie reichen. Doch wir sind schon lange dort angekommen, da Facebook nicht mehr nur Spaß- und Spielplatz, sondern ein Volksmedium geworden ist, das sich zu einer Art Diskussionsparallelwelt entwickelt hat. So schafft es das soziale Netzwerk immer wieder, sich in seinem Diskussionsk(r)ampf zu steigern. Es ist ein Kampf der verschiedenen Filterblasen, ein Kampf der Profile und damit auch ein Kampf interessensgelenkter und auf Facebook inszenierter »Wahrheiten«.

Und wer am Ende die Macht der Filterblasen immer noch unterschätzt, wird spätestens seit dem Messerangriff in Grafing bei München im Mai 2016 ins Staunen geraten sein: Es ist der Filterblaseneffekt, mit dessen Hilfe verschiedene rechtspopulistische Blogger aus einem deutschen Täter einen irakisch-islamischen Terroristen machten. Völlig ohne Scheu – und was noch viel gefährlicher ist: Es gab ein breites Publikum, das diese tendenziösen Informationen für wahr hielt und die davon abweichende Realität als Lüge betrachtete.

So machte man kurzerhand aus dem Täter Paul H. einen Rafik Yousef. Ziel des Ganzen: Aus den Messerangriffen mit tödlichem Ausgang sollte auf Biegen und Brechen ein islamistischer Terroranschlag gezaubert werden. Die Behauptung, der Täter von Grafing würde Rafik Yousef (auch Mohamad Raific Kairadin) heißen, ist natürlich purer Unsinn! Der Grund dafür ist recht einfach: Rafik Yousef ist bereits seit September 2015 tot. Dennoch hat sich dieses Gerücht gegenüber jeglicher Darstellung behauptet. Selbst nach einer Richtigstellung durch den Mann, der das Gerücht in die Welt gesetzt hat, ging eine große Menge an Menschen davon aus, von den Medien belogen worden zu sein, und ein irakisch-islamischer Terrorist habe diesen Terroranschlag begangen.

Nachdem endlich eingesehen wurde, dass ein Toter wohl doch keinen Terroranschlag verüben könne, hielt sich hartnäckig die Darstellung des Täters als Nicht-Deutscher oder zumindest als Deutscher mit Migrationshintergrund. Diese Auswüchse zeigten die jüngsten Folgen der Eigenisolation in Filterblasen: Auf einmal ergaben sich Fragen nach dem »Deutschsein«. Ab wann muss man als »deutsch« betitelt werden, ab wann darf man jemanden das »Deutschsein« absprechen, um einen Migrationshintergrund darzustellen?

Klingt albern – ist es aber nicht! Denn zum einen zeigt es das intensive Wahrnehmungsgefühl innerhalb von Filterblasen, zum anderen hat diese Diskussion einen ernsten Hintergrund: Am 10. Mai 2016 starb ein Mann bei der Grafinger Messerattacke, und drei weitere wurden verletzt. Für all die Menschen, die in der Tat einen Terrorangriff sehen wollten, waren die wenigen Fakten, die die Polizei in ihrer Presserklärung vermeldete, offenbar schlichtweg gelogen. Die Fakten besagten:

Männlich, 27 J., Single, Deutscher, aus Gießen. Er rief bei Tatausführung »Allahu Akbar!« und äußerte des Weiteren: »Ihr Ungläubigen sollt sterben!«. Die Klinge des Messers betrug 10 × 3 cm.

Viel mehr Informationen gab es nicht. Auch keinen Namen. An dieser Stelle endete dann auch alles an bis dato polizeilich bestätigten Angaben. Und die Netzdiskussion begann. Schnell kam über die Medien der Name Paul H. ins Spiel, der als Täter angegeben wurde. Wir wissen nicht mehr genau wer, aber irgendein Medium glänzte recht früh mit einem Foto des Täters. Das Foto stammte augenscheinlich von dem Facebookaccount des Mannes, da es dort als Profilbild vorlag.

Darauf entflammte der virtuelle Kampf um Paul H.s »Deutschsein«. Es kommt wirklich selten vor, dass Polizei und Staatsanwaltschaft die Nationalität eines Täters deutlich betonen. Eher wirkt es wie eine Reaktion auf den kursierenden Vorwurf, man verschwiege diese angeblich. In diesem Fall jedenfalls gab es die offizielle Aussage, dass es sich um einen deutschen Bürger handle. Vermutlich passte diese Information nicht in das Filterblasenweltbild der Netzcommunity, denn auf einmal schossen dort Gegenstimmen wie Pilze aus dem Boden. Der Mann musste offensichtlich »entdeutscht« werden. Der bekannte rechtspopulistische und islamfeindliche Blogger Michael Mannheimer, mit bürgerlichem Namen Karl-Michael Merkle, veröffentlichte unter der deutlichen Überschrift »Moslem sticht vier (!) deutsche Männer nieder. 56-jähriger Deutscher tot.« folgenden Inhalt:

NACHTRAG: LÜGENMEDIEN VERSUCHEN, DEN TÄTER ALS EINEN DEUTSCHEN NAMENS PAUL H. DARZUSTELLEN!

Deutsche Medien bemühen sich, den Täter als »Deutschen Paul. H.« hinzustellen. Was eine dreiste Lüge ist. Der Name des Täters wurde einige Stunden lang in der ausländischen Presse mit »Rafik Youssef« angegebn. Doch dieser name scheint ebenfalls falsch zu sein.

Auf der deutschsprachigen Website auf »delgardo.tv« erfährt man Näheres über die Tat. Der Betreiber der Website erhielt von der Polizei die folgende Auskunft:

Entdeutschung unter Aberkennung der Identität also. Merkle bezog sich dabei auf einen Artikel aus delgardo.tv (hier erinnern wir an den zuvor erwähnten Fakt: Rafik Youssef [sic] ist bereits seit September 2015 tot). Aber der Autor Delgardo (O-Ton des SPIEGELS vom 22. März 2016: »*Vom Weltproduzenten zum AfD-Sympathisanten: Welch eine atemberaubende Karriere, die Marco Delgardo da hingelegt hat. Er gehörte einst zu den erfolgreichsten Musikproduzenten Europas.*«) revidierte seine These letztendlich selbst. Dennoch ist in Delgardos Richtigstellung zu lesen, dass er zwar einräume, der Täter hieße wohl doch Paul H., jedoch im gleichen Atemzug – einen gewissen Mika zitierend – behauptete, dass Paul H. kein Deutscher sei, sondern nur einen deutschen Pass habe:

> Allerdings sagt Mika auch: »...Paul H. ist kein Deutscher. Hat nur einen deutschen Pass. Ich will nicht nicht lügen, ich meine er ist Moslem ...«.

Ab wann ist man Deutscher? Ab wann nicht? Und ist die Frage überhaupt wichtig? Offensichtlich ja, denn für diesen Filterblasenbereich ist die Frage nach der Herkunft, in diesem Falle also unübersehbar die nach der »deutschen Blutlinie«, eine wichtige. Denn bringen wir es mal auf den Tisch: Es ging um nichts anderes, als diesen grauenvollen Angriff als einen religiös motivierten Terrorakt werten zu können. An vielen Stellen tat man sich da nicht schwer und sprach einfach direkt von einem Moslem und von einem islamistischen Anschlag.

Interessant ist ein Blick auf die entgegengesetzte Filterkampfblase: Hier wurde streckenweise große Erleichterung (wenn man das vor dem Hintergrund dieses Angriffes so schreiben darf) geäußert, dass auch Deutsche grauenvolle Taten verüben. Ist am Ende natürlich einfach nur eine entgegengesetzte Instrumentalisierung und hat einen etwas hässlichen »Ätschibätsch«-Charakter.

Daher stand Paul H. seinerzeit, zumindest virtuell, in einer Grauzone, was den Status seiner Nationalität betraf. Darf er als »rein deutsch« bezeichnet werden? Klingt verrückt, ist aber augenscheinlich so wichtig, dass selbst das Bayerische Landeskriminalamt am 11. Mai um 11:08 Uhr klarstellte:

> **Bayerisches Landeskriminalamt** — Seite gefällt mir
> 11 Std.
>
> Im Nachgang zum gestrigen Messerangriff am S-Bahnhof Grafing wollen wir folgendes klarstellen:
>
> 1. Es gibt und gab zu keinem Zeitpunkt eine Nachrichtensperre, auch wenn das fälschlicherweise vereinzelt von Medien so berichtet wurde.
>
> 2. Es wurde von uns zu keiner Zeit dementiert, dass der Tatverdächtige bei der Tatausführung "Allahu Akbar" gerufen haben soll. Dieser Ausruf wurde von uns am Vormittag nur nicht bestätigt, weil verschiedenen Zeugenaussagen abzugleichen waren. Um 15:00 Uhr haben wir in einer weiteren Pressemitteilung veröffentlicht, dass Zeugenaussagen zufolge diese Aussagen vom Tatverdächtigen gemacht worden sein sollen.
>
> 3. Nach derzeitigem Ermittlungsstand gibt es keine Zweifel an der Identität des Festgenommenen. Gerüchte um eine angeblich andere Identität sind falsch, auch wenn sie durch verschiedene in- und ausländische Medien berichtet wurden.
>
> 4. Bei dem festgenommenen 27-Jährigen liegt kein Migrationshintergrund vor.
>
> UND NOCH EINMAL GANZ DEUTLICH:
> Wir dulden keine Beleidigungen und hetzerischen Kommentare! Diese werden von uns entfernt. Diese Facebook-Seite dient der Information und ist keine Plattform für unsachliche Diskussionen. Das könnt ihr auch in unserer Netiquette unter dem Punkt "Info" nachlesen.
>
> Gefällt mir · Kommentieren · Teilen

So liest man als Punkt 4:

> 4. Bei dem festgenommenen 27-Jährigen liegt kein Migrationshintergrund vor.

Nun hat zwar das Landeskriminalamt eine klare Aussage getroffen, aber der Wille, Paul H. ein wenig »unreines« Blut unterzumischen, ist offensichtlich ungebrochen. Vielleicht sind ja der unbekannte echte leibliche Vater oder die Großeltern »nicht ganz deutsch«?

> Also kein Österreicher? Vom Namen her hätte es gepaßt. Welcher Migrationshintergrund wird denn vermutet?
> Gefällt mir · Antworten · 10 Std.
>
> Ein weiteres Puzzlestück findet sich im Münchener Merkur. Dort hat man mit seinem Stiefvater gesprochen, was die Frage nach dem leiblichen Vater aufwirft. Details über die ebenfalls befragten Großeltern finden sich nicht.
> Gefällt mir · Antworten · 10 Std.

Diese Art der Suche, von einem sehr speziellen Personenkreis betrieben, erinnert dann doch sehr stark an den Ariernachweis. Wir müssen uns also fragen: Würde die Entdeckung, dass einer seiner Großeltern nicht deutscher Herkunft sei, Paul H. aufgrund »unreinen« Blutes per se zu einem ausländischen Attentäter machen?

Fraglich ist zudem, ob die Debatte nach der »Reinheit« des Blutes von Paul H. in irgendeiner Weise dem verstorbenen Opfer Gerechtigkeit tut, oder ob dieser Kampf lediglich den Politfilterblasenmonstern dienlich ist. Ich für meinen Teil glaube ausschließlich Letzteres. Gekränkte politische Eitelkeiten bei der Filterblasenextreme versuchen, sich an der Darstellung der Nationalität des Täters gesundzustoßen. Anschlagshoffnungen sind zerplatzt, Theorien konnten nicht bestätigt werden, und die ganz banale Idee, dass da jemand eventuell einfach mal durchgedreht sein sollte (Amoklauf), scheint es in unserer modernen mitteleuropäischen Netzweltdiskussionskultur einfach nicht mehr zu geben.

Diese alberne Diskussion mit ihren fatal manipulativen Auswirkungen auf Menschen zeigt, dass wir Informationen kritisch bewerten und uns der Macht der Filterblase auf Facebook bewusst werden müssen. Um unser Informationsangebot ausgewogen zu halten, ist eine Durchmischung von Inhalten auf Facebook nicht unwichtig. Eine Isolation von Freunden mit anderer Meinung ist eher der falsche Weg (das gilt für alle Beteiligten). Daneben ist es in vielen Fällen vielleicht gar nicht so verkehrt, dem Hass keinen Raum zu geben, eher leicht zu antworten und vor allem: eine gehörige Portion Humor zu bewahren.

KAPITEL 7

MYSTERIEN & GRENZBEREICHE

Nach dem wirklich ernst zu nehmenden Thema der politisch motivierten Einflüsse auf Nutzer von sozialen Netzwerken wollen wir uns zur Entspannung einer ganz besonderen Sparte von Mimikama widmen: ZDDK Mystery! Themen, die durch die sozialen Netzwerke geistern und sich ein wenig wie »Akte X« anfühlen. Themen, die zunächst ein wenig schrullig erscheinen und förmlich nach einer Überprüfung schreien, da man sie anders kaum hinterfragen kann.

Zum ersten Mal sahen wir uns dazu genötigt, als wir auf eine Frage reagierten, die sich auf das Verhalten von Radieschen in WLAN-Netzwerken bezog.

WLAN-RADIESCHEN?

Manche Dinge kann man nicht belegen, man kann ihnen lediglich Glauben schenken – oder selbst prüfen, ob sie stimmen!

Eine wahrhaft mystische Behauptung besagt, dass WLAN-Geräte Pflanzen, Tiere und auch den Menschen verschrumpeln lassen, ja quasi das Leben aussaugen.

Die These lautet (sic):

> Man sollte mal darüber nachdenken! Beide Radieschen sahen gestern noch gleich aus, da von einem Bund stammend. Ein Radieschen legte ich neben dem Wlan-Kasten auf dem Regal ab. Heute sieht das Radieschen verschrumpelt aus, das andere Radieschen ist immer noch frisch. Das Gleiche passiert auch mit dem Menschen selbst und seinen Zellen, ebenso bei Tieren und Pflanzen!

Zu dieser These gehört nun ein Bild, auf dem zwei Radieschen abgebildet sind. Das eine zeigt sich prall und frisch, das andere, das angeblich neben dem »Wlan-Kasten« lag, wirkt vertrocknet, eingefallen und schrumpelig.

Glücklicherweise hatten auch wir einen »Wlan-Kasten« zur Hand, sowie auch eine Nacht Zeit. Was uns jedoch zunächst fehlte, waren Radieschen. Daher marschierten wir in den nächsten Supermarkt, um garantiert handelsübliche Radieschen zu kaufen.

Der Ablauf: Der Versuchsaufbau sollte sich nicht nur eins zu eins ans Original halten, sondern sogar in belegbarer Menge mehrfach nachvollziehbar sein. Dafür sind zunächst ganz normale, völlig durchschnittliche Radieschen notwendig. Wir haben gleich zwei Bund genommen, und zwei aus jedem Bund wahllos kombinierte Gruppen im ZDDK-Mystery-Büro verteilt:

Die erste Gruppe Radieschen bestand aus fünf einzelnen, direkt auf dem WLAN-Gerät platziert.

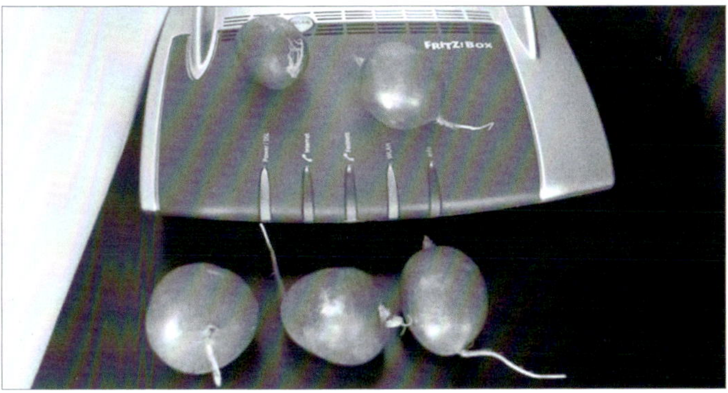

Die zweite Gruppe bestand ebenso aus fünf einzelnen Radieschen, die außerhalb der Reichweite des Gerätes verblieben.

Der Versuch begann exakt am 27. April 2015 um 16:31 Uhr. Wie in der Originalvorgabe liegt nun zwischen Start (»Gestern«) und Ende (»Heute«) eine Nacht. Das Ergebnis: An dieser Stelle lassen wir die Bilder sprechen. Es handelt sich um den exakt eingehaltenen Zeitraum von »Gestern« bis »Heute«, so wie er beschrieben ist. Die Radieschen von der WLAN-entfernten Tischzone und vom WLAN-Gerät unterscheiden sich … NICHT! Hier ein Bild der WLAN-Radieschen:

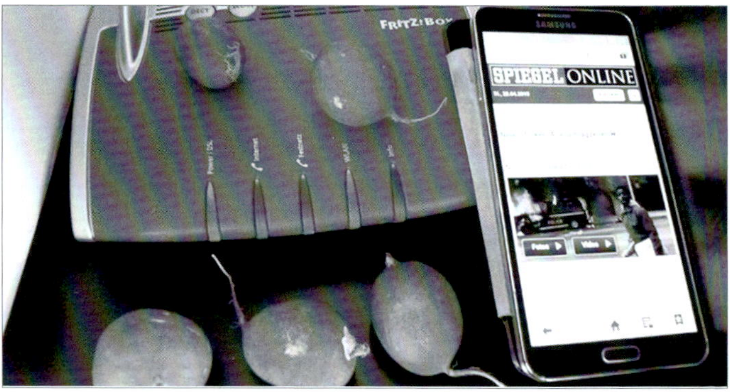

Und hier die Radieschen, die außerhalb des Sendebereiches lagen:

Alle zehn Radieschen haben in der Nacht in den unklimatisierten Räumen ein wenig gelitten: Sowohl die WLAN-Radieschen, als auch die entfernt liegenden Radieschen sind etwas weicher geworden, jedoch nicht in unterschiedlichem Maße.

Keine der fünf WLAN-Probanden unterscheidet sich nun von den Pendants im WLAN-freien Stockwerk.

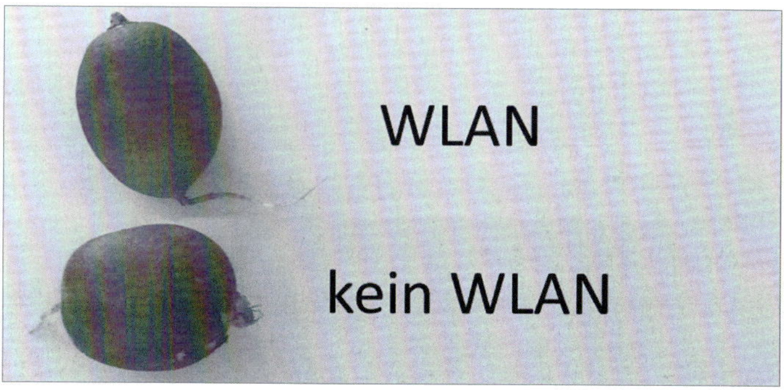

Wie ist nun das verschrumpelte Radieschen aus dem ursprünglichen Post entstanden? Wurde eventuell eines der beiden Radieschen in Alu behütet, ohne es zu sagen? Man weiß es nicht. Was wir jedoch wissen:

Unsere Radieschen haben sich von unserem WLAN-Netzwerk nicht beeinflussen lassen. Vielleicht tun die Daten, die durch unser WLAN-Netzwerk fließen, einfach nicht ganz so weh. #manweißesnicht.

Aber es sind ja nicht nur Radieschen, die wir mit der Brille der Unerschrockenheit bis unter den tiefsten Mantel durchschauen. Auch die »Men in Black« sind vor ZDDK Mystery nicht sicher.

MEN IN BLACK

»Zeitweise befinden sich etwa 1500 Außerirdische auf unserem Planeten und die meisten hier in Manhattan.

Und die meisten sind auch durchaus korrekte Leute, die nur versuchen über die Runden zu kommen.« – »Taxifahrer.« – »Nicht so viele wie man glaubt.«

Sie fliegen in schwarzen Helikoptern und fahren schwarze Wagen mit unbekannten Kennzeichen: die »Men in Black«. Seit dem gleichnamigen Kino-Blockbuster sind jene schwarz gekleideten mysteriösen Männer, die UFO-Zeugen besuchen sollen, auch der breiten Öffentlichkeit ein Begriff. Wir gehen nun der Frage nach, ob es sie wirklich gibt oder ob sie reine Erfindung sind.

Zeugen sagen aus, dass sie immer spätnachts vor der Tür auftauchen. Ihre Haut sei dunkel oder unnatürlich blass, ihre Augen seien von seltsamer Farbe, ihre Körper scheinen haarlos zu sein, und ihre Kleidung und Fahrzeuge sehen immer brandneu aus. Geschichten über die »Men in Black« gibt es zuhauf, doch momentan sind es einfach nur genau das: Geschichten. Es gibt bisher kein einziges Foto dieser Männer, keine einzige Aufnahme von Überwachungskameras und keinen Nachweis eines »seltsamen Nummernschildes«. Das allein ist aber noch kein Beweis für ihr Nichtvorhandensein, denn wenn die »Men in Black« wirklich so gut sind, wie sie geschildert werden, dann sorgen sie natürlich dafür, dass es keinerlei Beweise für ihre Existenz gibt. Dies macht das Phänomen so interessant: Es gibt weder Beweise noch Gegenbeweise, also müssen wir ein wenig tiefer buddeln, um Genaueres herauszufinden.

Woher kommt dieser Mythos? Erstmals liest man von den »Men in Black« in einem Buch von 1956 mit dem Namen »They knew too much about Flying Saucers« (dtsch: Sie wussten zu viel über Fliegende Untertassen) des Ufologen Gray Barker. Das Buch erzählt nach Aussage des Autors eine wahre Geschichte, wie Ufologen angeblich von Regierungsbeamten gezwungen wurden, weder über Ufos zu reden noch darüber zu schreiben. Dieses Buch konnten die sonst so machtvollen »Men in Black« jedoch anscheinend nicht verhindern. Es wurde ein Bestseller und bildet die Grundlage nahezu aller Berichte, die es jemals über die »Men in

Black« gab. Sogar in »UFOs and Related Subjects: An Annotated Bibliography«, einer Publikation des US Air Force Office of Scientific Research von 1969, findet es Erwähnung.

Werfen wir einen Blick auf die Person Gray Barker. Der Autor John Sherwood, ein ehemaliger Autorenschüler Barkers, konnte dazu in einer Serie des Magazins »Sceptical Inquirer« einiges über seinen ehemaligen Tutor erzählen. So riet Barker ihm, seine Artikel nie einfach aufgeklärt und nüchtern zu schreiben, sondern immer einen Sensationsfaktor einzubauen, um die Leser zu fesseln. Auch soll er miterlebt haben, wie Barker mit verstellter Stimme Parapsychologen, beispielsweise den damals recht bekannten John Keel, anrief, um ihnen von erfundenen ungewöhnlichen Phänomenen zu berichten. All dies, um eine neue Story zu haben. Als weiteres Beispiel erzählte Sherwood, dass Barker und sein Freund Jim Moseley 1957 einen gefälschten Brief der US-Regierung an den polnischen Immigranten George Adamski schrieben, der glaubte, von Aliens entführt worden zu sein. In dem Schreiben hieß es, dass die Regierung sehr angetan sei von seinen Erlebnissen und er solle sie doch mit der Weltöffentlichkeit teilen. Kurz darauf erschien – oh Wunder – ein Buch namens »Gray Barkers Book of Adamski«.

Dem aufmerksamen Leser wird bereits der Riss in der Logik aufgefallen sein! Einerseits wollen jene »Men in Black« alle Aussagen über Ufos verhindern, andererseits scheint aber Barker allein die Berechtigung zu haben, neue und sensationelle Bücher über das Phänomen schreiben zu dürfen. Ein Schelm, wer Böses dabei denkt …

Zurück zu den »Men in Black«. 1952 fand Barker einen Herausgeber für seine frühen Geschichten, einen Newsletter namens »Space Review« des International Flying Saucer Bureau. Klingt nach 'nem großen Namen. Aber nein, die Institution bestand nur aus einer Person namens Albert K. Bender, der, obwohl in den Mitdreißigern, mit seinem Stiefvater in einer 1-Zimmer-Wohnung lebte, die er »Chamber of Horrors« nannte und mit Zeichnungen von Geistern und Skeletten dekorierte. Ab 1953 half Barker Bender, jenen Newsletter herauszubringen und stieß in diesem Jahr auf den »Robertson Panel Report«, ein vom CIA freigegebenes Dokument. In jenem Report ging es unter anderem auch darum, ob Ufo-Sichtungen eine Gefahr für die nationale Sicherheit darstellten. Offizielle Aussage übrigens: Nein, bisher konnten sämtliche Sichtungen als natürliche Phänomene erklärt werden.

Allerdings stieß Barker in dem Dokument auf eine weitere interessante Passage. Dort hieß es, man solle zwei bestimmte Gruppierungen von UFO-Enthusiasten in Los Angeles und Wisconsin im Auge behalten, da die Gefahr bestünde, jene könnten durch ihren großen Einfluss möglicherweise Paniken in der Bevölkerung auslösen, sollte sich wieder eine Sichtung ereignen.

Der ausgesprochen paranoid veranlagte Bender beendete daraufhin die Herausgabe des Newsletters, da er befürchtete, ebenfalls von der CIA beobachtet zu werden. Im letzten Newsletter schrieb er, dass drei Männer in dunklen Anzügen, die »von einer höheren Autorität seien«, ihn sehr eindringlich, aber ohne grob zu werden, darum gebeten haben, den Newsletter nicht weiter zu veröffentlichen. Außerdem würde – laut einer Prophezeiung von Nostradamus – die Regierung am 10. Dezember 1953 ohnehin die Wahrheit über UFOs der Weltöffentlichkeit präsentieren. Das geschah nicht. Stattdessen schwieg Bender bis 1962, als Barker ihn bat, für ein gemeinsames Buch namens »Flying Saucers and the three Men« seine Erlebnisse und Eindrücke zu schildern.

Achtung, nun wird es bizarr! In dem Buch schildert Bender, wie er durch Astralprojektion in die geheime unterirdische Basis der Außerirdischen in der Antarktis reisen konnte, die von dreierlei Arten Aliens bewohnt wird. Die drei Männer damals haben ihn auch nicht direkt besucht, sondern waren eine psychische Manifestation. Wir überlassen es an dieser Stelle einfach mal den Psychologen herauszufinden, an welcher Geisteskrankheit Bender litt.

Barker setzte sich nun an den Schreibtisch und schrieb seine eigene Version dieser Geschichte, ungeachtet der Tatsache, dass alle Erzählungen von einem offensichtlich geistig verwirrten Mann stammten. Die Legende der »Men in Black« war geboren.

Existieren die »Men in Black« nun oder nicht? Jene erstmalige Erwähnung war das Produkt eines geistig kranken Mannes. Tatsächlich allerdings, das darf man nicht unerwähnt lassen, besuchten Regierungsbeamte zu jener Zeit im Rahmen des »Project Blue Book« Zeugen von UFO-Sichtungen, um Genaueres über jene vermeintlichen Außerirdischen zu erfahren. Keiner jener Zeugen berichtete aber jemals, dass diese Beamten sich in der Art und Weise aufführten, wie Bender es in seinen Fantasien beschrieb. UFO-Sichtungen gibt es zuhauf, und Menschen machen sich gerne interessant. Da schadet es ja nicht, wenn man noch etwas von diesen mysteriösen »Men in Black« hinzudichtet. Marketing ist alles.

In diesem Sinne: Lasst euch nicht blitzdingsen. Und seid lieb auf Facebook. Bedenkt immer die Worte von Agent J:

> »Polieren Sie mal ihre zwischenmenschliche Technik auf. Alle würden viel netter reagieren, wenn sie etwas höflicher wären.«

Obwohl ja so manches Mal Menschen wie geblitzdingst scheinen, wenn man sich so ansieht, was sie getan haben und wie sie darauf reagieren. Bleiben wir daher noch kurz im Bereich der Mythen und vermeintlichen Realitäten, die bereits Bücher füllten und Verfilmungen nach sich zogen. Schauen wir auf einen anderen Fall, der auch im Kino als »eine wahre Geschichte« verkauft wurde.

DER AMITYVILLE-HORROR

Es geschah in den frühen Morgenstunden des 13. Novembers 1974, als der 23-jährige Ronald DeFeo Jr., auch »Butch« genannt, nach einem Marlin-Gewehr griff. Er war ein übergewichtiger Junge, der in der Schule oft gehänselt wurde. Sein Vater schlug Frau und Kinder und hatte für Butch nur Spott übrig. In dieser Nacht wollte Butch den Terror beenden.

In einem Zeitraum von 15 Minuten führte er seinen Plan durch. Er ging ins Schlafzimmer seiner Eltern und feuerte zweimal auf seinen Vater. Die Mutter wachte auf, aber hatte keine Zeit mehr zu reagieren, da sie ebenfalls von zwei Schüssen tödlich getroffen wurde.

Im Haus war es still. Doch Butch war noch nicht fertig. Er ging in das Zimmer seiner jüngeren Brüder Mark, 12 Jahre alt, und John, 9 Jahre alt, die sich ein Zimmer teilten. Beide starben durch jeweils einen Schuss. Als nächstes ging er in das gemeinsame Zimmer seiner Schwestern Dawn und Allison, 18 und 13 Jahre alt und tötete auch sie.

Am nächsten Tag ging Butch seelenruhig zur Arbeit, rief ein paarmal daheim an, und ging vorzeitig nachhause, da er, wie er sagte, sich Sorgen um seine Eltern mache. Wenig später stürmte er aufgeregt in eine Bar und berichtete, dass jemand seine Familie umgebracht habe.

Sehr schnell war die Polizei im Haus und untersuchte den Tatort. Als Täter stand Butch sehr schnell fest, denn in seinem Zimmer wurde eine Schachtel Patronen mit seinen Fingerabdrücken darauf gefunden.

Butch wurde verhaftet und bekam lebenslänglich für seinen sechsfachen Mord. Noch heute sitzt er im New Yorker Staatsgefängnis. Seine Behauptung, dass Stimmen ihn zu dieser Tat angetrieben haben, wurde vor Gericht nicht anerkannt.

Nun könnte die Geschichte ein Ende haben, doch ist dies erst der Anfang. Denn die Adresse des Hauses dürfte Horrorfilmfans sehr bekannt sein:

112 Ocean Avenue, Amityville, New York

Am 18. Dezember 1975 kaufte ein junges Ehepaar namens George und Kathy Lutz das bis dahin leerstehende und für 80.000 $ sehr günstige Haus in Amityville. Kurze Zeit später zogen sie ein, zusammen mit Kathys drei Kindern aus ihrer früheren Ehe. Jedoch sollte sich das Traumhaus bald als ein Alptraum entpuppen …

Vom ersten Moment an, so sagten sie, schien sich eine unnatürliche Präsenz im Haus aufzuhalten. Verschlossene Türen und Fenster öffneten sich von selbst, und mysteriöse Geräusche waren des Öfteren zu hören. Als ein katholischer Priester das Haus betrat, schlug ihm etwas Unsichtbares auf die Hand und eine unheimliche Stimme soll gesagt haben, er solle verschwinden.

Nach diesem schnell abgebrochenen Exorzismus sollen sich die Ereignisse verschlimmert haben. Nachts hörten die Bewohner laute Schritte und Kratzgeräusche, ein dämonenhaftes Gesicht soll sich am Fenster gezeigt haben. George Lutz schien manchmal »besessen zu sein, grünlicher Schleim erschien aus dem Nichts an den Wänden, manche Familienmitglieder sahen eine geisterhafte Figur mit Kapuze, urplötzlich tauchten ganze Fliegenschwärme im Haus auf, im Haus schien es nie warm zu werden, weswegen George ständig den Kamin anfeuerte, das jüngste Kind unterhielt sich mit einem unsichtbaren Wesen namens Jodie, und Kathy beteuert, dass sie von unsichtbaren Händen gekratzt und geschlagen wurde.

Nach nur 28 Tagen verließ die Familie fluchtartig das Haus, sie ließen sämtliche Kleidungsstücke und sogar das Essen im Kühlschrank zurück. Jene dämonischen Kräfte haben sie aus dem Haus getrieben, so erzählten sie.

Aber die Geschichte geht noch weiter: Im Februar 1976 betraten Ed und Loraine Warren, die zu Amerikas bekanntesten Dämonologen zählen, zusammen mit einem Fernsehteam von New Yorks Channel 5 das Haus, um dort eine Séance abzuhalten und die Ereignisse zu untersuchen. »Es lagen alte Zeitungen im Haus, und der Kühlschrank war tatsächlich noch gefüllt«, so sagten die Warrens. Zwei andere Parapsychologen, die mit den Warrens im Haus waren, sagten aus, sie hätten eine unnatürliche Präsenz gespürt. Ed Warren sagte, er hatte »starkes Herzklopfen« und führte dies auf die Anwesenheit dämonischer Geister zurück.

Die Warrens erklärten, dass sich das Haus auf einer ehemaligen Landparzelle der Shinnecock-Indianer befände, und auf diesem Landstück kranke und verrückt gewordene Mitglieder des Stammes isoliert wurden, bis sie starben. Jene Toten wurden nicht begraben, da die Indianer glaubten, dass das Land von Dämonen bewohnt sei. Die Geister also seien die wütenden Toten der Indianer und erschienen als »unmenschliche Wesenheiten«.

Kurze Zeit später traf sich das Ehepaar Lutz mit dem Autor Jay Anson, der zusammen mit ihnen ein Bestseller-Buch schrieb: »The Amityville Horror«. Aus dem Buch wurde ein Film, es gab Talkshow-Einladungen, Interviews, weitere Fortsetzungen der Filme, eine Dokumentation etc. Der Fall wurde international bekannt, besonders befördert durch den Fakt, dass es sich ja um eine absolut authentische Geschichte handeln solle.

Aber nicht jeder Parapsychologe war damals zufrieden mit der Geschichte. Zeit für die Wahrheit!

Am 16. Februar kontaktierte George Lutz den Leiter des Parapsychology Institute of America, Dr. Stephen Kaplan, der zu dieser Zeit sehr bekannt war. Telefonisch erkundigte sich Lutz bei ihm, wie viel es kosten würde, wenn Kaplan eine Untersuchung in dem Haus durchführen würde. Dr. Kaplan teilte ihm mit, dass eine Untersuchung mit seinem Team völlig kostenlos sei, jedoch »wenn diese Story ein Hoax ist … dann wird es die Öffentlichkeit erfahren!«

Einige Tage später rief Lutz wieder an und sagte den Termin ab. Seine Begründung war, dass sie keinerlei Aufmerksamkeit auf sich oder das Haus lenken wollten. Umso überraschender, als wenig später auf Channel 5 News die Geschichte der Familie Lutz, medienwirksam präsentiert von den Warrens, enthüllt wurde.

Kaplan schöpfte Verdacht und rekapitulierte noch einmal sein Telefonat mit George Lutz. Schon dabei hatte er den Verdacht, dass da etwas nicht stimme. George sagte zum Beispiel, dass er die Namen der Dämonen kenne, aber nichts sagen dürfe. Auf die Frage, warum er das nicht dürfe, sagte Lutz, damit würde er die Dämonen beschwören, das habe er in einem Buch über Geister gelesen, dessen Titel er aber nicht mehr wisse.

Während die Geschichte durch Buch und Film international immer bekannter wurde, sammelte Kaplan immer mehr Material, das beweisen sollte, dass es sich dabei um einen Hoax handelt. Zwar schloss er die Möglichkeit nicht aus, dass sich durch die Morde, welche zuvor im Haus geschahen, dort tatsächlich paranormale Dinge ereignen, doch in dem beschriebenen Maße war das doch sehr unwahrscheinlich und unglaubwürdig. Er sah die Gefahr, dass durch diesen Fall sein gesamter Berufsstand lächerlich gemacht werden würde.

Was Kaplan zu diesem Zeitpunkt noch nicht ahnte, war, dass er sich mit seinen Erkenntnissen nicht nur gegen die Familie Lutz stellen würde, sondern auch gegen die bekannten Warrens sowie die Öffentlichkeit, welche natürlich nun ungern hören wolle, dass man auf einen Hoax hereingefallen ist. Die Wahrheit hinter diesem Fall ist nämlich längst nicht so aufregend wie die beschriebenen Ereignisse. So kam es, dass in der Presse nur sehr kurz darüber berichtet wurde, und auch für Kaplans Buch über die wahren Hintergründe fand sich erst 1995 ein Verleger.

Die Fakten: 1979 sagte der Rechtsanwalt William Weber in der Radioshow des Autors Joel Martin aus, dass er gewissermaßen ein Teil dieses Hoaxes sei. Er und George Lutz hätten sich diese Geschichte bei ein paar Gläsern Wein ausgedacht.

Das Motiv Webers, mitzumachen, lag auf der Hand: Er war der Anwalt von »Butch« DeFeo und wollte eine Neuverhandlung des Falles erwirken, mit der Begründung, dass man nun quasi Zeugen dafür hätte, dass Butch wirklich »dämonische Stimmen« hörte, die ihn zu den Morden trieben. Lutz hatte ebenfalls ein Motiv, da er sich die Hypotheken für das Haus eigentlich nicht leisten konnte und schnell zu Geld kommen musste. Später klagte Weber übrigens gegen Lutz, da er keine Beteiligung an den Buchrechten bekam, was ihm wohl von Lutz versprochen wurde.

Kaplan fand weitere Ungereimtheiten: In dem Buch wird ein sogenannter »roter Raum« beschrieben, in dem okkulte Zeremonien stattgefunden haben sollten. Mehrere Male besuchte Kaplan das Haus, doch der einzige rote Raum dort war ein Räumchen, durch den man Zugang zu den Rohren des Hauses bekommen konnte, falls eine Reparatur nötig war.

Die Eingangstür, die laut Buch aus den Angeln gerissen wurde, zeigte keinerlei Beschädigungen auf, auch an den anderen Türen und Fenstern konnte man keine Spuren feststellen, nicht einmal Kratzer. Auch an den Wänden fand sich keine Beschädigung der Wandfarbe. Nun könnte man einwenden, dass flugs alles ausgetauscht und repariert wurde, jedoch wäre dies aufgrund des Alters des Hauses (erbaut 1924) aufgefallen.

Kaplan unterhielt sich auch mit einem Autor der örtlichen Tageszeitung, dem der Fall ebenfalls suspekt vorkam, da das Ehepaar Lutz nur einen Tag nach der »Flucht« aus dem Haus eben dort einen »Garagenverkauf« abhielt. Weiterhin wurde in diesen 28 Tagen kein einziges Mal die Polizei informiert, was man bei solcherlei Ereignissen eigentlich annehmen sollte. Und schlussendlich behauptete George Lutz in dem Buch, Pferdefußspuren im Schnee entdeckt zu haben. Jedoch lag an diesem Tag kein Schnee in Amityville.

Auch den Priester, der von einem Dämon attackiert wurde, konnte Kaplan ausmachen. Jener berichtete aber, dass die Ereignisse so gar nicht stattgefunden haben. Er habe das Haus ganz normal segnen können, aber während der Segnung gegenüber Lutz erwähnt, dass sich womöglich durch die Geister der Ermordeten seltsame Dinge ereignen könnten.

Nun noch etwas zu den Erkenntnissen der Warrens: Laut den Warrens gehörte das Grundstück ja einmal den Shinnecock-Indianern, die dort ihre Kranken und Verrückten sterben ließen.

Jene Shinnecock-Indianer lebten jedoch nicht mal in der Nähe von Amityville. Alle Indianer auf Long Island gehörten nämlich dem Montaukett-Stamm an. Die Namen der verschiedenen Orte wurden von Europäern vergeben, die sich anscheinend mit den einzelnen Stämmen nicht wirklich auskannten. Der einzige Stamm der möglicherweise bei Amityville Land besaß, war der der Massapequans.

Namen hin oder her, was ist das mit dem indianischen »Irrenhaus«?

Gemäß John Strong, Indianer-Experte für Long Island, lebten zwar viele Indianer in diesem Gebiet, er selbst halte das beschriebene Verhalten von Indianern für nichts weiter als einen unterhaltsamen Witz. Der Autor Ric Osuna ließ sich von örtlich ansässigen Indianern an sämtliche Indianer-Friedhöfe rund um Amityville führen, wobei er zu seiner Bestürzung feststellen musste, dass jene Orte zum größten Teil nun Müllkippen sind. Die historischen Aufzeichnungen der Indianer sind sehr ausführlich und beeindruckend, jedoch findet sich nirgendwo auch nur der kleinste Hinweis, dass ein Friedhof oder »Irrenhaus« sich auch nur nahe dem Amityville-Haus befand. Mal abgesehen davon, dass die damals dort ansässigen Indianerstämme sehr friedfertig waren, und es auch für Indianer-Experten absurd erscheint, dass ein Stamm seine Kranken und geistig Schwachen aussonderte, um sie sterben zu lassen. Im Gegenteil kümmerten sich Indianer damals wie heute sehr um ihre Familien und Stammesmitglieder.

Verlassen wir die Filmwelt und ihre auf vorgeblicher Realität basierenden Mythen und kommen zurück zu den Mythen des Internets. Zu waghalsigen Verschwörungen und Behauptungen fernab jeder Vorstellbarkeit. Kommen wir zu purem Wahn: Ist es eine Verschwörungstheorie? Ist es der Grenzbereich krasser Facebookmythen? Ist es schon outta Space? Ist Angela Merkel Hitlers Tochter?

MERKEL IST HITLERS TOCHTER? ALSO BITTE ...

Es gibt Theorien, die sind auf einmal da und schlagen den Leser wie ein Brett vor den Schädel. Man weiß nicht, was man dann damit machen soll. Lachen? Weinen? Kopf gegen Tisch hauen? Aber es ist so, derartige Anfragen bekommen wir tatsächlich gestellt und manchmal ist es schon eine echte Herausforderung, diese Thesen zu bearbeiten.

Eine dieser waghalsigen Theorien besagt also, dass Angela Merkel die Tochter von Adolf Hitler sei. Ja, richtig gelesen! Das wurde tatsächlich auf Facebook verbreitet. Uns selbst waren diese Artikel auf Facebook, in einem Blog vom September 2015 sowie die Behauptung der Pravda vom November 2014 unbekannt. Doch es gibt sie!

Dabei stützen sich beide Wiedergaben auf einen offenen Brief, der ein sehr interessantes Konstrukt auf die Beine stellt.

Dieser Brief stammt aus dem Jahre 2007. Da gerät man schon ins Staunen: 2007? Wo ist der Brief die ganzen Jahre denn gewesen?

Ein offener Brief zur Amtsenthebung von Merkel. Er schien völlig unwichtig sehr lange vor sich hin zu dümpeln. Zu behaupten, dass er »unter Verschluss« gewesen sei, ist lächerlich, denn man kann diesen offenen Brief seit Jahren im Internet lesen, er hat nur niemanden interessiert, weil die Gedankengänge darin dann wahrscheinlich doch zu sehr konstruiert erscheinen und nicht nachweisbar sind.

Der Inhalt unter dem Betreff »Betr.: Amtsenthebungsverfahren gegen Frau Dr. Angela Merkel, z. Zt. deutsche Kanzlerin« wird mit folgender Bitte eingeleitet:

> Sehr geehrter Herr Dr. Lammert,
>
> nach Ankündigung durch email am 26.09.07 beantrage ich, bei Frau Dr. Merkel und den in Betracht kommenden Personen ein gen- und kriminaltechnisches Verfahren einzuleiten, ob sie Tochter von Adolf Hitler ist und dies vor der Bundestagswahl 2005 gewußt hat. Zutreffendenfalls beantrage ich, sie ihrer Ämter zu entheben und vor Gericht zu stellen wegen Täuschung der Öffentlichkeit in einem wesentlichen Punkt. Ich beantrage, diese Untersuchungen unter Ausschluß von Korruption öffentlich auszuschreiben. Zur Förderung der Wahrheitsfindung versichere ich an Eides statt, daß Frau Dr. Merkel vor der Bundestagswahl 2005 in einer Fernsehsendung mitteilte, daß sie Kanzlerin werden würde.

In diesem offenen Brief schreibt ein Dr. med. Heinz Gerhard Vogelsang davon, dass er Anfang 2007 aus einem Forum (Fundstelle leider mittlerweile gelöscht) die Information entnommen habe, Angela Merkel sei Hitlers Tochter und sei mithilfe künstlicher Befruchtung durch tiefgefrorenes Sperma mittels sowjetischer Unterstützung 1954 geboren worden. Als Leihmutter solle Eva Brauns Schwester gedient haben. Die Fundstelle wird in dem offenen Brief wie folgt beschrieben:

> Zur Begründung übersende ich nachfolgende Fundstelle aus dem Internetforum
>
> http://f28.parsimony.net/forum68339/http://f28.parsimony.net/forum68339/ ,
>
> Beitrag von Oldy am 23.09.07:
>
> »07. Januar 2007
>
> Von Sorcha Fall
>
> Mit beunruhigender Sorge nehmen wir zur Kenntnis, wie die Westlichen Nationen diese Woche in der antiken deutschen Stadt Meerholz verkündeten, daß Deutschland nun das Hertz Europas sei unter Einschliessung der ehemaligen sowjetischen Blockländer Bulgarien und Rumänien.

Die komplette Theorie findet man unter anderem in einem Forum namens Zeitwort. Einfach mal durchlesen …

Doch wer hat diesen Brief verfasst? Der Verfasser des offenen Briefes an Merkel war, wie oben erwähnt, Dr. med. Heinz Gerhard Vogelsang. Vogelsang ist ein Verschwörungstheoretiker, der bei Psiram, einem Wiki des Irrationalen, einen Eintrag hat, in dem auch auf diese Theorie Bezug genommen wird:

> Eine der erheiterndsten Verschwörungstheorien stellte er im Jahr 2007 auf, als er in einem offenen Brief im Freigeistforum dazu aufforderte, die deutsche Bundeskanzlerin Merkel ihres Amtes zu entheben und mittels eines gentechnischen Tests zu prüfen, ob sie die Tochter von Adolf Hitler sei. Hitlers Privatflugzeug sei erst in den Fünfzigerjahren in den Anden abgestürzt und Hitlers Sperma sei zu einer künstlichen Befruchtung von Eva Brauns Schwester Gretl verwandt worden, um unter der Kontrolle des KGB Angela Merkel in Hamburg als Tochter von Hitler zu gebären.

Jedoch stammt die Theorie, Merkel sei die Tochter Hitlers, nicht von ihm, er hat sie lediglich in seinem offenen Brief verwendet. Vogelsang selbst zitiert eine Quelle vom 7. Januar 2007 aus der Feder einer gewissen Sorcha Fall.

Sorcha Fall – klingt ungewöhnlich und scheint auch nicht ganz korrekt geschrieben worden zu sein, denn der korrekt lautende Name der Autorin (sofern es eine ist), lautet Sorcha Faal. Die Existenz von Sorcha Faal kann nicht nachgewiesen werden, der Name steht jedoch für eine Autorin des Blogs whatdoesitmean.com des US-amerikanischen Programmierers David Booth. Um Sorcha Faal ranken sich so einige Mythen und Geheimnisse. Sie sei angeblich eine russische Akademikerin, die Geheimnisse der russischen Wissenschaft veröffentlicht. Jedoch konnte nie eine ihrer wissenschaftlichen Arbeiten nachgewiesen beziehungsweise irgendwo gefunden werden.

Es war also eben dieses Pseudonym Sorcha Faal, unter dem am 7. Januar 2007 die Theorie veröffentlicht wurde, Hitler sei der Vater von Merkel. Somit kann man auf dem Blog whatdoesitmean.com im englischen Original lesen:

January 7, 2007

Daughter Of Adolph Hitler Vows To Complete European Union

By: Sorcha Faal, and as reported to her Western Subscribers

It is with troubling concern that we report today that the Western Nations have announced this week that the ancient German city of Meerholz, Germany has now become the 'Heart' of the European Union with the inclusion of the former Soviet block nations of Bulgaria and Romania.

Aha, somit hätten wir geklärt, woher die These stammt: Ein bekannter deutscher Verschwörungstheoretiker hat den Text einer unbestätigten Person namens Sorcha Faal auf Deutsch übersetzt und diese Quelle in einem offenen Brief an Angela Merkel verwendet, um diese zu einem gen- und kriminaltechnischen Verfahren zu nötigen. Und das Ganze schon 2007.

Wenn man will … kann man hinter allem eine Verschwörung wittern.

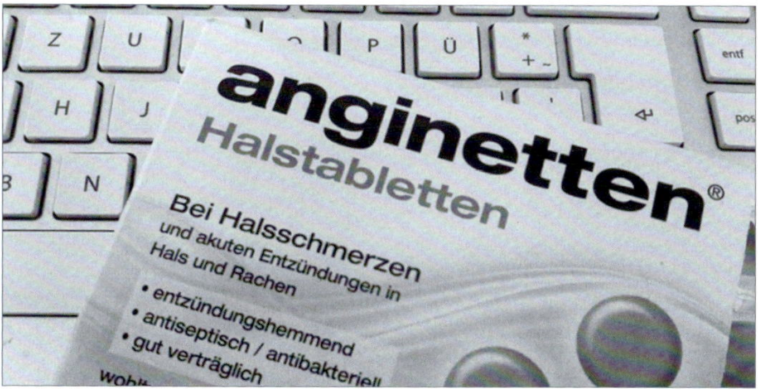

Wenn das Unglaubwürdige auf Facebook als glaubwürdig verkauft wird, wenn fantastische Geschichten als wahr dargestellt werden, und kaum logische Zusammenhänge zur Logik erklärt werden, sollte man erhöhte Vorsicht walten lassen.

Hier geht es nicht allein darum, dass die ganze Geschichte vielleicht ein großer Murks ist, sondern auch darum, dass man sich unter Umständen auch selbst unglaubwürdig macht.

Natürlich trifft man in sozialen Netzwerken immer auf gleichgesinnte Menschen, die die eigene Geschichte bestätigen und untermalen. Das ist irgendwo auch Sinn der sozialen Netzwerke: auf Menschen zu treffen, die gleichartige Ansichten teilen. Trotzdem sollte man alle Inhalte immer kritisch betrachten, und wenn die eine oder andere Theorie ganz augenscheinlich absurd ist, sollte man sie auch deutlich ablehnen.

KAPITEL 8

WAS ICH NOCH ZU SAGEN HÄTTE

Lass Dich nicht von jedem Hoax verängstigen! Viele dieser dramatisch aufgeblasenen Meldungen, von denen man gehört hat, dass sie der Schwester einer Freundin der Cousine widerfahren sein sollen, sind meist unwahr. Die Stille Post 2.0 treibt viele Internetnutzer dazu an, unbewiesene Erzählungen zu glauben, weil diese von Vertrauensperson zu Vertrauensperson weitergereicht werden.

Wo der Ursprung liegt, weiß am Ende niemand. Wie lange sich einige Geschichten in den Köpfen der Menschen halten, ebenso wenig.

Jede Wiederholung einer Geschichte macht sie zwar nicht wahrer, jedoch fühlt sie sich nach jeder Wiederholung noch ein Stückchen wahrer an. Es muss ja was dran sein, wenn es so viele sagen. So entstehen Legenden, urbane Legenden. Einige dieser Legenden sind saisonal, so wie die irrwitzige Legende von der drogengetränkten Nadel in Damenhandschuhen, des im wahrsten Sinne des Wortes umwerfenden Parfüms oder der geheimnisvollen Betäubungsmittel im Glühwein.

DROGEN IN DAMENHANDSCHUHEN?

Alle Jahre wieder. Zur Adventszeit tauchen auf Facebook immer wieder Statusbeiträge auf, in welchen vor Drogen auf Weihnachtsmärkten gewarnt wird. Ob getränkte Nadeln im Damenhandschuh oder das Parfüm, welches auf das Handgelenk gesprüht wird, aber auch die K.-o.-Tropfen im Glühwein.

[redacted]
9. Dezember 2013

WARNUNG!!!!!!!!!!!!!!!!!!!!!!!!!

Leute geb acht wenn euch auf dem weihnnachtsmarkt jemand mit parfüm besprühen mochte,heute geschehen auf dem weihnnachtsmarkt bochum der sohn meiner freundin und ein freund wurden am handgelenk angesprüht sie konnten nicht aufhören dran zu riechen es war leider mit dogen vermischt,beide liegen auf der intensiv station der eine kommt langsam zur besinnig der andere ist immer noch bewusstlos also geb acht

Teilen

[redacted] gefällt das.

13.051 Mal geteilt 1 Kommentar

[redacted] krass !! teilen erwünscht ??
9. Dezember 2013 um 09:35

Im Jahr 2013 brach eine wahre Hysterie aus, nachdem auf Facebook verbreitet wurde, dass das reine Versprühen von angeblichen Parfüms auf das Handgelenk zur Bewusstlosigkeit führe. Und wem ist es geschehen? Dem Sohn einer Freundin … und dessen Freund.

Wir haben seinerzeit alle nötigen öffentlichen Stellen in Bochum angerufen: Polizei, Krankenhaus, Behörden, ja wir haben sogar ein Teammitglied auf den Weihnachtsmarkt nach Bochum geschickt, um vor Ort zu fragen. Das Ergebnis: Niemand wusste von diesen zwei Jungen, lediglich einige Marktstandinhaber waren sauer, weil sie Parfüms im Sortiment hatten und nun skeptisch geschnitten wurden.

Aber sie waren nicht die einzigen, die unter Weihnachtsmarktlegenden litten. Auch Handschuhverkäufer haben es immer wieder schwer und leiden unter Gerüchten. Die Droge Scopalmin soll schuld daran sein, dass einige Damen in Ohnmacht fallen. Man beachte gleich am Anfang die grandios explizite geografische Einordnung der Tatorte:

Eine aktuelle Warnung der Polizei!!!!
Kriminelle haben eine neue Masche gefunden!!

Auf Parkplätzen von Einkaufszentren und Weihnachtsmärkten verteilen sie kostenlose Damenhandschuhe angeblich als Werbegeschenke für einen neuen Laden an Frauen die alleine unterwegs sind. Frauen in Begleitung von Männern bekommen nie Handschuhe geschenkt.

In den Handschuhen sind winzige Nadeln eingenäht, die in die dünne Haut zwischen den Fingern stechen!!!!

Weil die Nadeln so klein und dünn sind, bemerkt man den Stich nicht. Aber es ist eine Droge namens "Scopolamin" in den Nadeln!!! Diese Droge ist extrem stark und es reichen sehr geringe Mengen um einen Menschen zu betäuben.

Die Kriminellen oder ihre Komplizen verfolgen Ihre Opfer dann und warten ab bis die Droge zu wirken beginnt. Dann rauben sie ihre Opfer aus oder vergewaltigen sie, oftmals auch beides.
In einigen Fällen sind sogar die Wohnungen der Opfer ausgeraubt worden oder ihre Autos wurden gestohlen.

Nehmt auf keinen Fall geschenkte Handschuhe von fremden Personen an!!!!

Was an dieser Warnung nun dran ist? Nichts! Jedoch hat dieser Zettel und der Hinweis darauf, dass es ja eine Polizeimeldung sei, eine große Angstwelle verursacht. So groß, dass die Polizei sogar tatsächlich eingreifen musste – jedoch anders als gedacht:

> Polizei NRW Hagen
> vor 15 Stunden · Bearbeitet
>
> FAKE-NACHRICHT: "NADEL IM HANDSCHUH" - ACHTUNG!
>
> Derzeit kursiert bei Facebook eine vermeintliche Warnmeldung der Polizei, die vor allem Frauen verunsichern will. Angeblich sollen auf Weihnachtsmärkten Handschuhe als Werbegeschenke getarnt weitergegeben werden. Darin sollen winzige Nadeln eingenäht sein, die in die Haut der Trägerin stechen, ohne das diese es bemerkt. In den Nadeln befindet sich angeblich eine Droge namens "Scopolamin", welche betäubend wirken soll. Später sollen die Opfer dann überfallen und / oder vergewaltigt werden. Auch von Wohnungseinbrüchen und Autodiebstählen ist die Rede.
>
> Diese Meldung ist eine Falschmeldung ("Hoax") und stammt definitiv nicht von der Polizei. Sie dient rein der Verunsicherung. Verbreiten Sie bitte eine solche Nachricht im Netz nicht weiter.
>
> Zur Aufklärung dürfen Sie dieses Posting hier gerne Teilen. Vielen Dank.
>
> Ihre Polizei Hagen

Screenshot der Facebookseite der Polizei Hagen

Wo wir schon dabei sind: Nicht nur hier musste die Polizei richtigstellen! Auch bei einem anderen Weihnachtsmarkt-Gerücht ist letztendlich der Eingriff der Polizei notwendig gewesen, um eine verängstigte Facebookschar zu beruhigen.

DER ZETTEL AN DER HECKSCHEIBE

Wenn es überhaupt ein Hoax zu weltweiter Berühmtheit gebracht hat, dann war es dieser hier:

30. Oktober 2013

WARNUNG DER POLIZEI!!!

Seien Sie vorsichtig und wachsam, es kommt sicherlich auch zu uns.
Nach Frankreich erreicht diese Methode nun schon ganz Deutschland und Österreich. Achten Sie auf Zettel auf der Heckscheibe Ihres Autos. Dies ist die neue Methode für Kfz-Diebstahl (dies ist kein Witz!) Sie gehen auf dem Parkplatz zu ihrem Auto, öffnen und steigen ein. Sie starten den Motor und legen den Rückwärtsgang ein.

Wenn Sie beim Rückwärtsfahren durch Ihre Heckscheibe schauen, bemerken Sie ein Stück Papier in der Mitte der Heckscheibe.

Sie halten an, steigen aus dem Auto um das Papier zu entfernen, da dies Ihre Sicht behindert.

Wenn Sie die Rückseite des Autos erreichen, taucht der Autodieb aus dem Nichts auf. Er steigt ein und fährt los. Sie stehen da und er fährt mit hoher Geschwindigkeit davon. Und wissen Sie was? Ich wette, Ihre Brieftasche oder Geldbörse ist noch im Auto.

So, jetzt hat der Autodieb Ihr Auto, Ihre Adresse, Ihr Geld, Ihre Schlüssel. Ihr Haus und Ihre Identität sind ihm ausgeliefert!

Sie sind bestens organisiert, und viele Autofahrer gehen auf diese Weise in die Falle.
Wenn Sie einen Zettel auf der Rückseite Ihres Autos bemerken, sperren Sie Ihre Autotüren mit dem Schlüssel zu, starten Sie und fahren Sie weg. Den Zettel entfernen Sie später. Übermitteln Sie diese E-Mail an Ihre Familie und Freunde. Ein Portemonnaie enthält viele wichtige Ausweis-Dokumente.
Sie wollen sicherlich nicht, dass sie in die falschen Hände gelangen.

Bitte senden Sie diese Nachricht an alle Ihre Freunde!!!!!

TEILEN!!! TEILEN!!!!!

TEILEN!!!!

TEILE!!!!!!

Teilen

gefällt das.

197.465 mal geteilt

Achten Sie auf Zettel auf der Heckscheibe Ihres Autos. Dies ist die neue Methode für Kfz-Diebstahl (dies ist kein Witz!)

Eindringlich wird vor einer Carjacking-Masche gewarnt, die aus dem benachbarten Ausland ihren Weg zu uns gefunden habe. Man solle auf Zettel, die an der Heckscheibe befestigt wurden, achtgeben, denn dies sei eine neue Methode für KFZ-Diebstähle. Auf unserer Suche nach nachgewiesenen Fällen sind wir lediglich auf eine lange Kette von Übersetzungen gestoßen, jedoch nicht auf eine echte Diebstahlserie.

Diese Warnung existiert nicht allein in digitalen Medien, sondern fristet auch ein echtes Papierdasein!

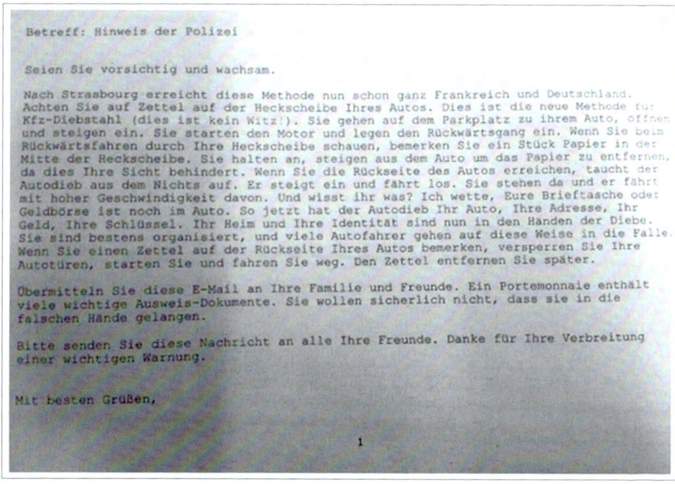

Betreff: Hinweis der Polizei

Seien Sie vorsichtig und wachsam.

Nach Strasbourg erreicht diese Methode nun schon ganz Frankreich und Deutschland. Achten Sie auf Zettel auf der Heckscheibe Ihres Autos. Dies ist die neue Methode für Kfz-Diebstahl (dies ist kein Witz!). Sie gehen auf dem Parkplatz zu ihrem Auto, öffnen und steigen ein. Sie starten den Motor und legen den Rückwärtsgang ein. Wenn Sie beim Rückwärtsfahren durch Ihre Heckscheibe schauen, bemerken Sie ein Stück Papier in der Mitte der Heckscheibe. Sie halten an, steigen aus dem Auto um das Papier zu entfernen, da dies Ihre Sicht behindert. Wenn Sie die Rückseite des Autos erreichen, taucht der Autodieb aus dem Nichts auf. Er steigt ein und fährt los. Sie stehen da und er fährt mit hoher Geschwindigkeit davon. Und wisst ihr was? Ich wette, Eure Brieftasche oder Geldbörse ist noch im Auto. So jetzt hat der Autodieb Ihr Auto, Ihre Adresse, Ihr Geld, Ihre Schlüssel. Ihr Heim und Ihre Identität sind nun in den Händen der Diebe. Sie sind bestens organisiert, und viele Autofahrer gehen auf diese Weise in die Falle. Wenn Sie einen Zettel auf der Rückseite Ihres Autos bemerken, versperren Sie Ihre Autotüren, starten Sie und fahren Sie weg. Den Zettel entfernen Sie später.

Übermitteln Sie diese E-Mail an Ihre Familie und Freunde. Ein Portemonnaie enthält viele wichtige Ausweis-Dokumente. Sie wollen sicherlich nicht, dass sie in die falschen Hände gelangen.

Bitte senden Sie diese Nachricht an alle Ihre Freunde. Danke für Ihre Verbreitung einer wichtigen Warnung.

Mit besten Grüßen,

1

Der Gipfel war jedoch das folgende Schreiben, das die Unterschrift eines Polizisten trägt, und zwar eines real existierenden Polizisten.

Wie bekommt man also heraus, ob dieses Schreiben echt ist? Richtig! Man fragt den genannten Polizisten. Wie sich herausstellte, war das Schreiben echt, der Inhalt leider weiterhin ein Fake.

vor 47 Sekunden

, Polizeioberkommissar, -Kassel DEG

Seien Sie vorsichtig und wachsam.

Nach Strasbourg erreicht diese Methode nun schon ganz Frankreich und Deutschland. Achten Sie auf Zettel auf der Heckscheibe Ihres Autos. Dies ist die neue Methode für Kfz-Diebstahl (dies ist kein Witz!)
Sie gehen auf dem Parkplatz zu ihrem Auto, öffnen und steigen ein. Sie starten den Motor und legen den Rückwärtsgang ein. Wenn Sie beim Rückwärtsfahren durch Ihre Heckscheibe schauen, bemerken Sie ein Stuck Papier in der Mitte der Heckscheibe. Sie halten an, steigen aus dem Auto um das Papier zu entfernen, da dies Ihre Sicht behindert. Wenn Sie die Rückseite des Autos erreichen, taucht der Autodieb aus dem Nichts auf. Er steigt ein und fahrt los. Sie stehen da und er fährt mit hoher Geschwindigkeit davon. Und wisst ihr was? Ich wette, Eure Brieftasche oder Geldbörse ist noch im Auto.
So jetzt hat der Autodieb Ihr Auto, Ihre Adresse, Ihr Geld, Ihre
Schlüssel. Ihr Heim und Ihre Identitat sind nun in den Handen der Diebe. Sie sind bestens organisiert, und viele Autofahrer gehen auf diese Weise in die Falle. Wenn Sie einen Zettel auf der Rückseite Ihres Autos bemerken, versperren Sie Ihre Autoturen, starten Sie und fahren Sie weg. Den Zettel entfernen Sie später.

> Ubermitteln Sie diese E-Mail an Ihre Familie und Freunde.

Ein Portemonnaie enthalt viele wichtige Ausweis-Dokumente. Sie wollen sicherlich nicht, dass sie in die falschen Hande gelangen.
Bitte senden Sie diese Nachricht an alle Ihre Freunde
Danke für Ihre Verbreitung einer wichtigen Warnung

Mit besten Grüßen
Claus
Polizeioberkommissar

E-Mail: (th@polizei.hessen.de
regelm. Sprechzeiten wochentags von 08:00 -16:00

Gefällt mir · Kommentieren

Auf eine Anfrage an den entsprechenden Polizisten bekamen wir die Auflösung: Er selbst ist dem Hoax aufgesessen. Kann passieren, da steht er nicht allein, denn das ist sehr vielen Menschen passiert. Der Bitte des Polizisten entsprechen wir jedoch immer gerne: Auch wir geben den Hinweis, diese Botschaft nicht weiter zu teilen.

AW: Anfrage bzgl. Strasbourg - Nachricht (HTML)

Datei Bearbeiten Ansicht Einfügen Format Extras Aktionen ?

Antworten | Allen antworten | Weiterleiten | Zu Evernote 4 hinzu

Spam Kein Spam Blacklist Whitelist

Von: Claus.[redacted]h@polizei.hessen.de Gesendet: Mi 23.01.2013 13:02
An: tom@mimikama.at
Cc:
Betreff: AW: Anfrage bzgl. Strasbourg

Es ist eine Falschmeldung!
Ich hatte diesen Hinweis von einem Kollegen bekommen und habe ihn weitergeleitet. Kurz danach stellte ich fest, dass es sich um eine HOAX, eine Falschmeldung im Internet handelt. (Nach Angaben der TU Berlin)
Auch ihren Bericht dazu hatte ich gesehen.
Da war es aber zu spät und nicht mehr aufzuhalten.

Mich erreichen dazu auch Anrufe. Bitte geben sie ihren Nutzern den Hinweis, diese E-Mail nicht weiterzuleiten und zu löschen.

Mit freundlichen Grüßen

Claus [redacted]
Polizeioberkommissar
[redacted]

Doch wo kommt der ganze Unfug eigentlich her? Unsere englischsprachigen Kollegen von Snopes berichten dazu, dass dieser Hinweis bereits 2004 in Form folgender E-Mail unterwegs war.

> *[Collected via e-mail, February 2004*
>
> *Imagine: You walk across the parking lot, unlock your car and get inside.*
>
> *Then you lock all your doors, start the engine and shift into REVERSE.*
>
> *Habit! You look into the rear-view window to back out of your parking*
>
> *space and you notice a piece of paper, some sort of advertisement s tuck to your rear window.*
>
> *So, you shift into PARK, unlock your doors and jump out of your vehicle to remove that paper (or whatever it is) that is obstructing your …*

Daran sieht man deutlich: Der Hoax ist nicht nur im deutschsprachigen Raum unterwegs, sondern zieht weitere Kreise. In einer Statusmeldung aus den USA vom 20. April 2013 kann man lesen:

Warning..!!!!

Recently we parked in a public car park. As we drove away I noticed a sticker on the rear window of the car. When I took it off after I got home, it was a receipt for petrol. Luckily my friend told me not to stop as it could be someone waiting for me to get out of the car. Then we received this email yesterday.

WARNING FROM POLICE

Wer nun denkt, das wäre alles gewesen, wird staunen, denn auch in Schweden wurde diese Falschmeldung bereits gesichtet:

> VARNING!!! SNÄLLA LÄS DETTA!!!!
>
> VARNING FRÅN POLISEN!!!
> (Inte ett skämt) Se upp alla! Snälla, håll detta cirkulerande ..
> Detta gäller alla både kvinnor och män.
> Om du ser ett papper på bakrutan på din bil - då kan detta vara ett nytt sätt att göra bilkapningar
>
> Du går till din bil på en parkeringsplats, du låser upp bilen och sätter dig i

Es war dann auch Willi Schwarz, der Pressesprecher der Polizei Mittelhessen, der zwar seinerzeit ein wenig hölzern, jedoch völlig korrekt deutlich Farbe bekannte und am 8. Februar 2013 deutlich sagte: Freunde, das ist ein Hoax!

POL-GI: POLIZEI WEIST AUF KURSIERENDE FALSCHMELDUNGEN HIN – »APRILSCHERZE« DAS GANZE JAHR

Gießen (ots) – Mittelhessen: Immer wieder verbreiten Zeitgenossen Meldungen, die den Anschein haben, echt zu sein, an denen auch etwas dran sein könnte, die so leicht Angst machen sollen, sich aber bei kritischer Überlegung und Nachforschungen nicht als wahr herausstellen. Diese Meldungen nennt man HOAX. Aus dem englischen für hocus, Jux oder Schabernack, so wie ein

Aprilscherz. Das Problem: zahlreiche Leichtgläubige versenden die falschen Warnungen all zu leichtfertig in Kettenbriefmanier in den neuen Medien, im Internet, in den sozialen Netzwerken oder per Mail weiter. In dem Glauben, etwas Gutes zu tun und andere zu warnen, verängstigen sie damit tatsächlich aber nur unnütz andere und verstopfen zudem die Internetwege. Deshalb bittet die Polizei Angeschriebene mit solchen »Aprilscherzen« das ganze Jahr über kritisch umzugehen.

Haben sie in den letzten Wochen auch diese Mail erhalten oder die Warnung am Stammtisch gehört:

»Nach Strasbourg erreicht diese Methode nun schon ganz Frankreich und Deutschland. Achten Sie auf Zettel auf der Heckscheibe Ihres Autos. Dies ist die neue Methode für Kfz-Diebstahl (dies ist kein Witz!) Sie gehen auf dem Parkplatz zu ihrem Auto, öffnen und steigen ein. Sie starten den Motor und legen den Rückwärtsgang ein. Wenn Sie beim Rückwärtsfahren durch Ihre Heckscheibe schauen, bemerken Sie ein Stück Papier in der Mitte der Heckscheibe. Sie halten an, steigen aus dem Auto um das Papier zu entfernen, da dies Ihre Sicht behindert. Wenn Sie die Rückseite des Autos erreichen, taucht der Autodieb aus dem Nichts auf. Er steigt ein und fährt los.. Sie stehen da und er fährt mit hoher Geschwindigkeit davon. Und wisst ihr was? Ich wette, Ihre Brieftasche oder Geldbörse ist noch im Auto. So jetzt hat der Autodieb Ihr Auto, Ihre Adresse, Ihr Geld, Ihre

Schlüssel. Ihre Haus und Ihre Identität sind ihm ausgeliefert! Sie sind bestens organisiert, und viele Autofahrer gehen auf diese Weise in die Falle. Wenn Sie einen Zettel auf der Rückseite Ihres Autos bemerken, sperren Sie Ihre Autotüren mit dem Schlüssel zu, starten Sie und fahren Sie weg. Den Zettel entfernen Sie später. Übermitteln Sie diese E-Mail an Ihre Familie und Freunde. Ein Portemonnaie enthält viele wichtige Ausweis-Dokumente. Sie wollen sicherlich nicht, dass sie in die falschen Hände gelangen. Bitte senden Sie diese Nachricht an alle Ihre Freunde. Danke für Ihre Verbreitung einer wichtigen Warnung«

Bei dem, was man täglich so mitgeteilt bekommt, scheint heute ja nahezu alles möglich. Diese Warnung kursiert seit etwa Anfang des Jahres verstärkt in Mittelhessen und sicher auch anderswo. Wenngleich eine allgemeine Vorsicht, auch bei der Sicherheit rund um das Fahrzeug immer angebracht ist, so ist diese Meldung doch als sogenannter Hoax (Schabernackmeldung) in der englischen Fassung schon bereits seit 2004 bekannt und entbehrt tatsächlicher Grundlage.

Ein anderer Hoax hielt sich im vergangen Jahr hartnäckig in Hessen und wollte uns »warnen« und glauben machen:

»!!! Eine Warnung an »Alle« !!! Derzeit werden an vielen Orten ... an Tankstellen oder auf Parkplätzen, angeblich kostenlos, oder als Werbegeschenke Schlüsselanhänger, kleine Schmucksachen für das Auto ... ect. ... angeboten ! Nehmen Sie diese Artikel nicht an !!! Es ist ein Chip darin verarbeitet. Kriminelle Typen verfolgen Sie vom Tanken bis nach Hause, um so auf diese Weise feststellen zu können, wann Sie zu Hause sind oder nicht. Wenn Sie dann abwesend sind, werden sie die Gelegenheit nutzen und einbrechen! Nach Angaben der Polizei ist diese Art und Weise das Werk von Rumänischen Kriminellen! Eine neue Art von Kriminalität. Die Polizei in Holland hat »Alle« Bürger vor diesen Betrügern gewarnt!«

Dieser Hoax ist bereits seit 2008 im Umlauf und findet über die Adressverteiler im Kollegen- und Bekanntenkreis immer wieder neue Verbreitung. Solche Hoaxes gewinnen erst recht an Popularität und amtlichem Charakter sowie kontraproduktiver Glaubwürdigkeit, wenn sie zudem von vertrauenswürdigen aber leichtgläubigen Behördenmitarbeitern in gutem Denken unsensibel weitergeleitet werden.

Die Zahl der Hoaxes wächst ständig und es sind meist Nachahmungen anderer bereits kursierender Falschmeldungen. Immer wieder bekommen sachkundige Polizeibeamte Hoaxes zugeleitet, die sie vor Jahren schon als solche gekannt haben, die aber anscheinend immer noch auf Verbreitungstour sind oder neu aktiviert wurden.

Was kann man tun, wenn man eine solche Mail erhält:

Seien sie kritisch! Senden Sie sie nicht einfach weiter, insbesondere nicht in dem Gedanken, etwas Gutes zu tun und auch andere vorsorglich ebenfalls warnen zu wollen. Die werden sich nicht freuen, sondern eher genauso verunsichert. Falls Sie meinen, die Warnung weiterleiten zu müssen, haken sie vorher eher nach, z. B. bei dem Absender, um zu erfahren, welche Erkenntnisse er gewonnen hat oder bei einer vielleicht angegebenen Adresse. Prüfen Sie doch mal den Wahrheitsgehalt. Und wenn ihnen dort beispielsweise ein deshalb bereits extra geschalteter Anrufbeantworter der benannten Institution berichtet, dass man mit der Meldung nichts zu tun hat und von weiteren Anrufen verschont bleiben möchte, können Sie von einem solchen, wenn auch vielleicht schlimmen »Aprilscherz« ausgehen. Eines sollten Sie aber nicht tun: überschnell reagieren und leichtfertig die Meldung an ihren Adressverteiler weitersenden. Ähnliches gilt auch für Hoxes mit Virenwarnungen. Auch hier gilt es, kritisch mit solchen bereits zahlreich existierenden Warnungen umzugehen, bevor man das dort Beschriebene befolgt und am eigenen PC vielleicht Schaden anrichtet oder die Hoax-Meldung an seine Freunde und Bekannten weiterleitet, die dann vielleicht unter dem »Aprilscherz« zu leiden haben.

Willi Schwarz
Pressesprecher

Mit Gewissheit können wir jedoch sagen, dass leider auch die Legende um den Zettel an der Heckscheibe überleben wird.

Manche Gerüchte wird man einfach nicht aus der Welt schaffen können, jedoch kann man vielleicht sich selbst oder die eigenen Kinder davor bewahren. Ja, liebe Eltern, überlegt euch gut, wie ihr eure Kinder nennt. Aus Sicht von Personen, die täglich mit Gerüchten und Falschmeldungen zu tun haben, raten wir von den Vornamen Jim, Marcel, Domenik [sic] und Ute ab. Nun, wir raten nicht grundsätzlich von diesen Namen ab, sondern nur dann, wenn eure entsprechend kombinierten Nachnamen in sozialen Netzwerken unangenehme Folgen für das Kind haben könnten.

VORSICHT VOR ... KETTENBRIEFEN

Ja, liebe Eltern, wenn ihr mit Nachnamen Hohmann, Beuting oder Christoff heißt oder gar Balsamico (ernsthaft!), dann solltet ihr von den soeben genannten Vornamen absehen. Euer Kind wäre quasi gebrandmarkt, Millionen von Facebook- und WhatsApp-Nutzern würden vor Angst erstarren.

Marcel Hohmann – der Urvater aller Computerängste. Wir schreiben das Jahr 2012, Facebook-Nutzer haben folgenden Statusbeitrag veröffentlicht:

> WICHTIG! Sag mal bitte allen Leuten in deiner liste, dass sie den Kontakt mit Marcel Hohmann nicht annehmen sollen, das ist ein Virus (über facebook u.s.w) der zer-

> stört die ganze Festplatte und zieht sich die Daten runter, wenn ihn einer deiner Kontakte erwischt, bist du auch betroffen, weil er sich durch die liste frisst!

Diese Worte wirkten wie Funken auf trockenem Stroh, das wiederum auf einem offenen Topf mit Spiritus liegt. So in etwa muss man sich das vorstellen. Auf jeden Fall bringt dieser Ur-Satz bis heute die nichtvorhandenen Telefonkabel und alle Chatlisten zum Glühen. Marcel Hohmann, der wilde Hacker. Gut ein Jahr später, im September 2013, konnte man zusätzliche Informationen finden. Die alte Warnung ist mutiert:

> Wenn dich die Nummer 065420164 anruft, nimm ja nicht ab! Ist ein Hacker und es werden auch all deine Kontakte betroffen sein! Es ist heute Morgen auch von EUROP1 und RTL bestätigt worden! Weiterleiten!

Bis heute – und das ist kein Scherz – weiß ich immer noch nicht, was genau EUROP1 ist und vor allem, was EUROP1 hiermit zu tun hat. Man kann jedoch davon ausgehen, dass der französische Radiosender Europe 1 damit gemeint ist, warum der jedoch vor Marcel Hohmann warnen soll, das weiß niemand.

Aber sagen wir es einfach mal ganz konkret:

1. Marcel Hohmann ist kein Virus. Maximal könnte er ein Facebook- oder WhatsApp-Nutzer sein.
2. Er kann auch keine Festplatte zerstören, beziehungsweise er kann sich auch keine Daten herunterladen.

3. Selbst wenn ein Freund »Marcel« als »Freund« hätte, dann hätte jener allein per Anruf noch immer keinen Zugriff auf deine Daten.
4. »Weil er sich durch die Liste frisst ...« Wir hoffen, dass sich Marcel nicht verschluckt und einen vollen Magen bekommt.

Aber der gute Marcel hat Freunde, und im Frühjahr 2014 geschah es auf einmal: Marcel Hohmann verschwand von der Bildfläche und wurde kurzerhand durch Domenik Beuting ersetzt.

> Sag mal bitte allen leuten in deiner liste, dass sie den kontakt mit 'Domenik Beuting' nicht annehmen sollen! das ist ein Virus (über whats app u.s.w) der zerstört die ganze festplatte und zieht sich die daten runter, wenn ihn einer deiner kontakte erwischt, bist du auch betroffen, weil er sich durch die liste frisst! also kopier und schicken !!! Wenn dich die Nummer 065420164 anruft,nimm ja nicht ab! Ist ein Hacker und es werden auch all deine Kontakte betroffen sein! Es ist heute Morgen auch von EUROP1 und RTL bestätigt worden!

Seit dieser Zeit laufen beide Kettenbriefe parallel. Das ist kein Scherz: Selbst im Jahr 2016 werden diese Kettenbriefe noch immer versendet. Einen kleinen Unterschied zu den 2012er- und 2014er-Versionen gibt es jetzt doch:

Girls just wanna have fun! Neben Hohmann und Beuting hat sich ein Mädel in das vermeintliche Hackerduo geschlichen: Ute Christoff ist seit Sommer 2015 der neue Stern am Kettenbriefhimmel.

»Sag mal bitte allen leuten in deiner liste, dass sie den kontakt mit ›Ute Christoff‹ nicht annehmen sollen!«

Ganz gemein an der Sache: Domenik Beuting und Marcel Hohmann sind völlig beleidigt, weil der Text ursprünglich ihnen galt und ihre Namen einfach durch Ute Christoff ersetzt wurden. Denn dort, wo ursprünglich Marcel Hohmann oder Domenik Beuting stand, findet sich bis ins Jahr 2016 hinein nun Ute Christoff.

Wer aufmerksam mitgelesen und klug kombiniert hat, wird gerade festgestellt haben, dass da eine Namenskombination fehlt! Es ist der Jim, Jim mit Nachnamen Balsamico.

Niemand kennt Jim Balsamico, jedoch meint jeder zu wissen, dass er der CEO (Chief Executive Officer) von WhatsApp sei. Schuld daran ist wiederum ein Kettenbrief. Es ist letztendlich nicht einfach »irgendein« Kettenbrief, sondern die Mutter aller mutierten Kettenbriefe, die Saga unter den Kettenbriefen, der Teenage-Mutant-Hero-Turtle der Kettenbriefe.

Und diesen Kettenbrief deluxe wollen wir an dieser Stelle noch einmal richtig zelebrieren. Ohne Flachs, das was jetzt folgt, wird tatsächlich und speziell via WhatsApp-Message verbreitet:

DIESMAL KEIN FAKE STEHT
AUCH IN FACEBOOK DRIN!!!!!

Lies mal

Liebe Whatsapp-user!

Wir, (Das Facebook-team) haben (wie ihr sicherlich schon bemerkt habt) Den kostenlosen Messenger ›whatsapp‹ für Insgesamt 16 Milliarden Dollar gekauft.

Da wir nun Whatsapp besitzen, wollen wir nur die User haben die Whatsapp auch wirklich nutzen.

Deswegen, möchten wir alle die DIESE Nachricht erhalten haben darum bitten, sie an alle Kontakte weiter zu leiten. Geschieht die's nicht, nehmen wir Das als Bestätigung Das dieser User Whatsapp nicht mehr nutzt, und somit wird sein Konto entfernt.

Das Facebook Team

hat sich alle Nummern rauskopiert (gestern von ca. 11:30 bis 23:30) Sodass wir alles kontrollieren können ob ihr die Nachricht weitersendet oder nicht.

Sendet ihr, die User aber die Nachricht TATSÄCHLICH an 10 Kontakte weiter, bleibt der Messenger für die User die es gemacht haben, weiterhin kostenlos.

Liebe Grüße

Das Facebook-team.

Habe ich eben erhalten bitte durchlesen – man kann es auch unter www.whatsapp.com in den FAQs nachlesen... Gruß

Nachricht von Jim Balsamico (CEO der WhatsApp) Wir haben zu viele Nutzer auf WhatsApp. Wir bitten alle Nutzer, diese Botschaft an die gesamte Kontaktliste weiterzuleiten. Wenn Sie nicht weitergeleitet wird, betrachten wir Ihr Konto als ungültig und es wird innerhalb der nächsten 48 Stunden gelöscht. Bitte diese Meldung NICHT ignorieren, sonst wird WhatsApp die Aktivierung ihres Kontos nicht mehr erkennen. Wenn Sie ihr Konto wieder aktivieren wollen nachdem es gelöscht wurde, wird eine Gebühr von 25,00 auf Ihre monatliche Rechnung hinzugefügt.

Diesmal stimmts..

☞ Wichtige Meldung

Dein geliebtes App WhatsApp wird in nächster Zeit kostenpflichtig, sprich es werden monatliche Kosten anfallen!

Um dies zu umgehen, hat die WhatsApp Gemeinde beschlossen, diesen Kettenbrief zu schreiben.

Damit diese Warnung Anklang findet, soll sie so oft wie möglich weitergesendet werden.

Dies ist auch der. Weg, um sich von den zukünftigen Kosten zu befreien. Somit kannst du von Glück sprechen, wenn du überhaupt diese Nachricht lesen konntest.

Nachdem du diese Nachricht erfolgreich (Doppelhaken) an 10 weitere Freunde versendet hast, wird dein WhatsApp Logo in roter Farbe aufleuchten.

Mit freundlichen Grüßen

Deine WhatsApp Gemeinde

!!!Steht sogar auf der homepage!!!

»Bitte macht bei der Aktion mit, damit wir weiterhin kostenlos miteinander schreiben können«

Lieber Whats App Kunde!

Ab heute ist das Programm Whats App kostenpflichtig und kostet nur 1,23€. Außer du schickst die SMS an 10 Kontakte weiter dann leuchtet das Symbol grün auf ☑

Liebe Eltern, das ist der Grund, warum ihr Eure Kinder vor den Vornamen Marcel, Domenik, Ute und Jim bewahren solltet. Sie würden es in sozialen Netzwerken immer schwer haben. Seht es einfach als Zeichen des Schutzes.

Ein anderer Schutz jedoch ist überflüssig: Es ist der Schutz der Kinder vor Brausetütchen.

»ACHTUNG SCHÜTZT UNSERE KINDER«

»Diese Nachricht kommt von Schulen. Es sollen so viele wie möglich informiert werden. Bitte weiter schicken«.

Wenn ja schon Schulen warnen, dann muss es ja echt sein (an dieser Stelle denken wir uns nun ein sehr ausgeprägtes !!!11Einself!!!!). Nach unseren Beobachtungen ist es wirklich so: Immer dann, wenn eine offizielle Stelle wie Polizei, Feuerwehr oder Schule in einen Fake eingebaut wird, wirkt es besonders überzeugend. Und das ist auch hier der Fall, denn diese Falschmeldung hält sich mittlerweile seit rund zehn Jahren.

Dieses »Schreiben« erweckt den Anschein, es handle sich um einen Elternbrief, doch dem ist nicht so. Die nett gemeinte handschriftliche Ausbesserung von »TÖTLICH« auf

»TÖDLICH«, sowie die fehlenden konkreten Absenderangaben sollten im Grunde stutzig machen.

Den Inhalt auf Papier zu bringen, um ihn greifbar und echt zu machen, ist natürlich eine gute Idee, jedoch handelt es sich hierbei trotzdem um einen Fake. Begonnen hat alles in den USA im Jahre 2007, mindestens 2007. Die Warnung vor den Drogen im Brausepulver stellt eine Halbwahrheit dar.

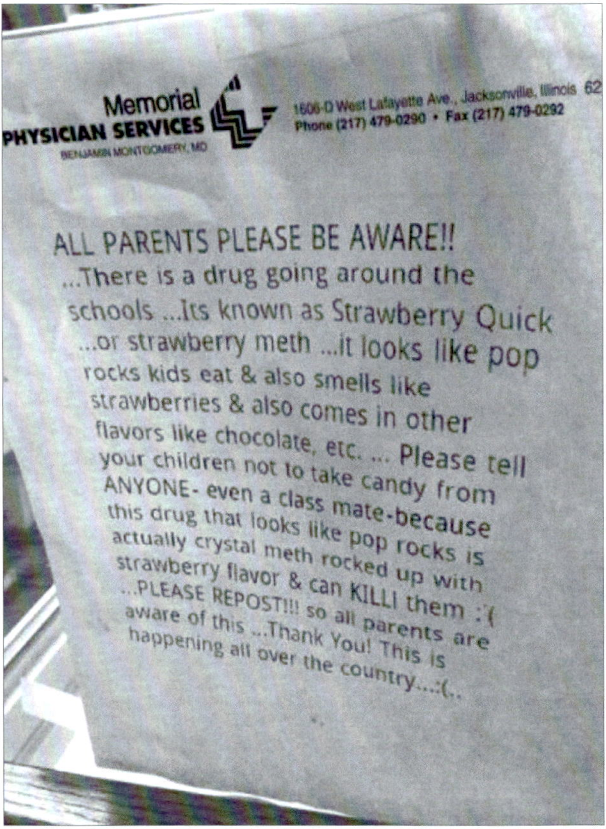

Screenshot: urbanlegends

Der Absender lautete damals »Memorial Physician Services«. Vorgeblich. Denn in einer Stellungnahme gab Memorial Physician Services nach Bekanntwerden des Bildes an, dass dieses Schreiben ein Fake sei und nicht von ihnen stammte:

> To anyone who's seen a photo of a sign in one of our Memorial Physician Services clinics circulating on Facebook about 'strawberry quick' drugs being given to children – the message on the sign is an internet hoax and is not true. We are sorry for the inconvenience.

Leider war es da schon zu spät, denn diese Erklärung wurde erst im Dezember 2012 veröffentlicht, mehr als fünf Jahre nach dem Erscheinen des Hoaxes.

Und vor allem viel zu spät für den deutschsprachigen Raum, denn da verbreitete sich der Hoax ohne Nennung der Memorial Physician Services. Hier gab es lediglich ein paar Tütchen Brausepulver auf dem Bild und eine Warnung vor Drogen in Brausepulvern. Die Falschmeldung sah bereits im Jahre 2012 so aus:

Da es keinen Hinweis auf die Memorial Physician Services gab, konnte man auch keinen Bezug dazu herstellen. Somit war die Auflösung des Hoaxes für den deutschsprachigen Raum völlig wertlos, und man musste hier von Neuem beginnen. Es war dann die »Hannoversche Allgemeine« (HAZ), die anlässlich besorgter Elternanfragen an einer Schule im September 2013 deutlich machte, dass es sich um einen Hoax handelt:

> An weiterführenden Schulen in der Stadt Wunstorf stehen die Telefone nicht still. Besorgte Eltern wollen wissen, was die Schulleitungen gegen angeblichen Drogenhandel unternehmen.
>
> Anlass sind Mitteilungen und Warnungen auf Facebook, die die Schüler auch untereinander weitergeben.
>
> »Alle Leute, die auf die Otto-Hahn-Schule, egal was für ein Zweig, gehen, sollten aufpassen! Es geht in der Schule eine Droge rum, die aussieht wie Pop Rocks und riecht wie Erdbeer Meth! Sie heißt Strawberry Quick! Nehmt von niemandem diese ›Süßigkeit‹ an! Strawberry Quick bekannt als Crystal Meth kann auch tödlich sein«, heißt es dort.

WARUM DAS ALLES SO WICHTIG IST

Wir leben nicht mehr in den Achtziger- oder Neunzigerjahren des letzten Jahrtausends. Wir können und dürfen nicht mehr zwischen »realer« und »virtueller« Welt unterscheiden, denn wir sind mittlerweile so weit vorgedrungen, dass beide Welten ineinander übergegangen sind. Die Realität diktiert das Virtuelle, das Virtuelle wirkt auf die Realität. Es ist quasi eins geworden. Aber das ist in den Köpfen vieler noch nicht angekommen.

Lange wurde die Macht der sozialen Netzwerke belächelt, ja selbst heute winken viele Menschen an entscheidenden Stellen die Inhalte von Facebook, Twitter oder WhatsApp ab. Doch damit sprechen sie aus der Perspektive einer vergangenen Zeit: Politisch, gesellschaftlich und auch familiär sind wir in einer Zeit angekommen, in der soziale Netzwerke einen selbstverständlichen Bestandteil unserer Kommunikation darstellen.

Soziale Medien sind nicht einfach nur eine Plattform für Selbstdarsteller oder Menschen ohne Freunde, sondern haben einen Stellenwert wie früher das Telefonieren. Vielleicht sind soziale Netzwerke derzeit ja auch im Begriff, das Telefonat abzulösen und sich als vorherrschende Art der Kommunikation darzustellen? Allein die Messenger, ob WhatsApp, Snapchat oder der von Facebook (und natürlich auch alle anderen) haben die Kommunikationsrate rasant erhöht und das flächendeckend verfügbare Internet hat dazu geführt, dass wir immer und überall auf Messengern und Netzwerken erreichbar sind.

Gerade die Vernetzung hat sich verändert, leider oftmals zum Negativen. Vertreter von Einzelmeinungen haben auf sozialen Netzwerken spielend leicht Mitstreiter gefunden und sind zusammen laut geworden. Geheime Stimmen, die gegen die Gesellschaft arbeiten, schreien quasi aus der Anonymität heraus. Über diese Netzwerke erreichen sie Menschen, die sie sonst nie erreicht hätten und mobilisieren so zerstörerische Kräfte. Denn Wut, Hass und Gewalt werden über das Netz gesät – und auf den Straßen geerntet.

Gerade diese Aspekte wurden lange Zeit verkannt. Als dann der »Aufstand der Anständigen« gefordert wurde, war es im Grunde bereits zu spät. Die destruktiven Kräfte waren schon in der Offensive und haben einfach schneller geschaltet. Denn sie haben gelernt: Wer zuerst etwas behauptet, hat immer den Vorteil auf seiner Seite. Der Fake, die Falschmeldung, weil meistens dramatischer, hat grundsätzlich eine höhere Reichweite und auch leider oftmals den längeren Atem.

Das funktioniert natürlich auch nur, wenn ein gewisser Nährboden vorhanden ist, wenn der Empfänger der Botschaften offen für derlei Ansprache ist.

Es fühlt sich ein wenig wie »Brot und Spiele« an: Wer das größte Drama, die absurdeste Story, den »heftig«sten Skandal erzählt, der kommt mit dieser Statusmeldung am weitesten. Das haben dummerweise nicht nur Privatpersonen bemerkt, sondern teilweise leider auch Medienstellen. So bespielen manche Verlage und Zeitungen die zur Verfügung stehenden Online-Plattformen maßlos und »scheißen« förmlich ihre Inhalte. Anders kann man es leider nicht mehr nennen.

Gerade weil viele Menschen nicht mit den Möglichkeiten und Mechanismen der sozialen Netzwerke vertraut sind, also an einer gewissen Medieninkompetenz leiden, ging darüber auch ein wenig die Informationskultur verloren. Was auch durchaus nachvollziehbar ist.

Die Journalistin und Autorin Ingrid Brodnig hat jüngst erst das Internet und seine Diskussionskultur mit den frühen Stunden des Automobils verglichen: Es gibt im Netz derzeit einfach noch keine richtigen Airbags, kein ESP und auch kein ABS.

Wir gehen an dieser Stelle sogar noch einen Schritt weiter: Das Netz krankt an einem Mangel an Sicherheits- und Schutzsystemen, trotzdem haben wir dummerweise von vorneherein die Möglichkeit, mit hohen Geschwindigkeiten fahren zu können. Im schlimmsten Fall fahren wir mit 300 Sachen vor die Wand. Ohne Airbag oder Bremsassistent.

Mit den Schäden müssen wir dann klarkommen, denn hier haftet keine Versicherung. Wir verfügen jedoch trotzdem über wenige rudimentäre, aber hochwirksame Sicherungssysteme: unseren Verstand, unsere Vernunft und in einem gewissen Umfang auch unsere Ethik. Diese Werkzeuge müssen wir einfach nutzen und den Kräften entgegensetzen, die uns manipulieren und in schlimmster Konsequenz vom Mensch zum Unmensch formen wollen.

Daher ist es nicht nur wichtig, technische Sicherheitssysteme zu entwickeln, sondern auch zusätzlich Regeln für den »Straßenverkehr«, also Regeln für ein Miteinander in Netzwerken und dem Internet. Wir dürfen niemals das »Menschsein« verlieren, wir dürfen niemals vergessen, dass auf der anderen Seite des Monitors ebenfalls ein Mensch sitzt, ein Mensch, der nicht belogen werden will, ein Mensch, der einfach nur kommunizieren will.

Und wenn ein wenig von all den vielen Worten bei euch hängen geblieben ist, dann hoffen wir, ist es die Erkenntnis, dass man nicht immer vorneweg schreien muss, dass man prüfen sollte, ob die dargereichte Information auch korrekt ist, und dass man sich eben im Netz auch so verhalten sollte, wie man sich auf der Straße verhalten würde. Respekt, Anstand, gerne auch mal einen Schritt Abstand und vor allem eine große Portion Vernunft sind gute Ratgeber für die Navigation durch das Internet und die sozialen Medien.

WAS NOCH BLEIBT …

Über fünf Jahre täglich und rund um die Uhr auf Facebook sein: Was für den einen traumhaft klingen mag, ist für andere knallharte Realität, die Spuren hinterlässt. Facebook und soziale Medien als Aufgabe, als Leben. Alles hinterfragen, alles durchlesen, was andere schreiben und was verdächtig nach »Fake« klingt. Das kann Spuren hinterlassen, das kann Narben hinterlassen. Ist es vielleicht auch einfach nur ein böser Traum? Sind es Halluzinationen? Oder einfach nur das wahre virtuelle Leben?

Ist das Folgende nur eine Illusion? [Schockierend] Andreas V. (44) aus Deutschland besuchte gestern mit seiner Familie einen Weihnachtsmarkt. Glühwein und Tofu aus Fleisch, sowie pürierte Frösche schafften Abhilfe gegen die Kälte, die von innen her ausstrahlte.

Doch das vereinbarte Treffen wurde kurzfristig abgesagt! Über WhatsApp hatten Andreas V., Marcel Hohmann und

Domenik Beuting vereinbart, dass sie sich am Weihnachtsmarkt treffen würden. Jedoch mussten Marcel Hohmann und Domenik Beuting leider diesen Termin absagen. Auch die daraufhin angeschriebene Ute Christoff hatte keine Zeit. Die Begründung: Sie hätten sich einen Virus eingefangen.

Jedoch war Andreas V. noch immer etwas frisch, er zitterte und fror.

Seine Gattin (Manuela 27), die ihm seit jeher umsorgte, ging, nachdem sie schnell mal ein paar Fotos ihrer Kinder auf Facebook hochgeladen hatte, zu einem der vielen Stände, die sich auf dem Markt befanden und kaufte dem armen Kerl ein Paar Handschuhe – doch was dann geschah, war ziemlich heftig und würde wohl niemand erwarten. Und nein, es kam kein Kältebus vorbei.

Manipulierte Handschuhe!

In den Handschuhen war eine vergiftete Nadel, die bei Andreas starke Halluzinationen von rosa Einhörnern und farbigen Wäschekörben verursachte. Für Andreas verdunkelte sich nun auch die Erde für geschlagene sechs Tage.

Andreas Frau war schockiert und wollte den Verkäufer der Handschuhe zur Rechenschaft ziehen (Anmerkung: Die Nadel selbst hatte der Verkäufer sich aus einem nahegelegenen Kino besorgt), doch dieser hatte schon das Weite gesucht und war in seinem weißen Bulli, der zuvor bereits als Organmafia-Transporter und Hundefänger-Bulli herhalten musste, abgedüst.

»Vielleicht habe ich Glück«, dachte Manuela sich, »und er hat einen dieser Schlüsselanhänger mit GPS, die sie an den Tankstellen verteilen?«

Kaum fertig gedacht, zog sie ihr iPhone, das sie auf Facebook »gewonnen« hatte, aus der Tasche, um zu schauen, ob sich der Bulli orten lässt. Die unzähligen Mails ihrer Bank, von Amazon und PayPal, die erstaunlicherweise alle gleichzeitig eine Verifizierung der Daten verlangten, ignorierte sie gekonnt.

Dummerweise ist eine private Ortung illegal, doch dies löste die Dame geschickt, indem sie einfach einen Widerspruch zum entsprechenden Gesetzesartikel auf Facebook postete und auch per WhatsApp weiterverteilte. Dank der beiden blauen Haken wusste sie auch, dass der Widerspruch gelesen wurde.

Und siehe da, der Bulli konnte geortet werden. Den Standort leitete sie natürlich sofort der Polizei weiter, die aber leider kaum Zeit dafür hatte, da sie diversen Gewaltvideos auf Facebook nachgehen musste.

Manuela zögerte nicht lange und veröffentlichte sofort einen Aufruf, den sie mit tollen Smileys verschönert hatte. Damit auch wirklich jeder die Suche nach ihrem Gatten teilt, setzte sie den Vermerk »BITTE TEILEN! UNBEDINGT WEITERGEBEN« auf Facebook hinzu.

Was sie nicht bedacht hatte: Facebook verlangt eine Nutzergebühr, aber das ist ein anderes Thema …

Ihre Facebook-Seite wurde veröffentlicht!

So dauerte es auch nicht lange, bis die erste Seite auf Facebook mit dem klingenden Namen »Todesstrafe für den Handschuhverkäufer« gegründet wurde. Manuela begab sich mit einem wütenden Menschenmob zum Haus des Handschuhverkäufers. Dieser entschuldigte sich natürlich sofort und beteuerte seine Unschuld. Er sei aufgrund eines implantierten Chips, welcher ihm gleich bei seiner Geburt eingepflanzt wurde, zu dieser Tat gezwungen worden.

Verkäufer entschuldigt sich bei dem Opfer!

Als Entschuldigung bot der Verkäufer Manuela und Andreas einen 500-€-H&M-Gutschein an, damit sie sich neue und garantiert nicht vergiftete Handschuhe kaufen könnten. Doch da die beiden eigentlich Ikea bevorzugen, entschieden sie sich, den Gutschein auf Facebook zu verlosen.

Dazu mussten Teilnehmer nur den Beitrag liken, teilen, ihre Freunde zu einem Event einladen, sich zweimal im Kreis drehen und dann noch einen Kommentar hinterlassen, in dem sie beschreiben, wie sie den Gutschein ausgeben würden. Gewinner wurde übrigens dabei ein A. V. aus F.!

Manuela stellte dem glücklichen Gewinner den Gutschein als ZIP-Datei zu. Doch leider konnte ihn A. nie verwenden, da er ZIP-Dateien von komischen Quellen nicht traut …

Wieso nicht?

Weil er »Zuerst denken – dann klicken« kennt und nicht alles glaubt, was im Internet steht – und schon gar nichts Falsches anklickt!

Voller Dankbarkeit, kaufte er seiner Frau Manuela auf dem Weihnachtsmarkt ein Parfüm, aber das ist auch eine andere Geschichte, denn hier beginnt das Dilemma von vorne – nur mit vertauschen Rollen!

© Kathrin Buholzer. Elternplanet.ch

KAPITEL 9

EPILOG

SEIT 2011 IM ZEICHEN DES SCHUTZES VON INTERNETNUTZERN: ZDDK/ MIMIKAMA »WIR SIND MENSCH!«

Ziel des Vereins Mimikama ist es, Internetmissbrauch, Internetbetrug und Falschmeldungen beziehungsweise Fakes aufzuklären und zu bekämpfen.

Der Fokus ist hier vor allem auf die sozialen Medien wie Facebook, Twitter und WhatsApp gerichtet, weil gerade hier Informationen oftmals unreflektiert, unkritisch und ungeprüft weitergegeben werden. Das macht diese Medien besonders anfällig für Falschmeldungen. ZDDK/Mimikama sieht seine Aufgabe darin, eben diese Falschmeldungen zu entlarven, verdrehte Inhalte klarzustellen, und auf Nutzeranfragen zu reagieren.

Doch ZDDK/Mimikama besteht nicht nur aus wenigen Mitarbeitern, sondern aus mittlerweile über 650.000 Internetnutzern, die diese Idee tragen und unterstützen.

DIE COMMUNITIY – DER TREIBSTOFF

Diese große Menge Menschen ist der Treibstoff für die Arbeit im Netz: Hier entstehen die Geschichten! Denn die Arbeitsweise von ZDDK/Mimikama ist besonders: Anders als bei den klassischen Medien suchen wir unsere Themen nicht, um sie dann den Lesern zu präsentieren, sondern unsere Leser präsentieren die Themen, die wir dann behandeln. Die Leser bestimmen das Programm: Die Fragen, die ihnen bei der Internetnutzung entstehen, ziehen unsere Antworten nach sich.

Kein Redaktionsplan, keine Inhaltskonferenzen: Selbst im Kernteam weiß am Morgen noch niemand, was am Abend das Thema sein wird.

Denn die sozialen Netzwerke sind schnell. Sie sind schnell und auch gnadenlos. Das erfordert eine große Arbeitsgeschwindigkeit bei gleichzeitig höchster Sorgfalt. Und hierbei halten uns 650.000 Follower auf Kurs. **Dafür möchten wir all diesen Menschen danken!**

Und gerade weil sich so viele Menschen an der Idee ZDDK/Mimikama beteiligen, können wir derzeit nicht nur User im deutschsprachigen Raum (Österreich/Schweiz/Deutschland) unterstützen, sondern agieren auf europäischer Ebene mittlerweile auch aktiv auf Niederländisch.

DAS KERNTEAM – DER MOTOR

Ganz wichtig ist das Kernteam, intern die »Backstube« (freie Übersetzung von »Backoffice«) genannt.

Liebe Backstube, wir alle sind keine »Kollegen«, wir sind auch mehr als nur ein Team: Wir sind eine Familie! Eine Familie, die den ganzen Tag kommuniziert. Wir sitzen in den Niederlanden, der Schweiz, in Österreich und in Deutschland, doch wir sind uns so nah, wie uns das Internet nur bringen kann. Eine Wahnsinnsgruppe, die sich blind vertraut, die sich gegenseitig ergänzt und aus ihrer Vielfalt ihr Wissen und ihre Kraft schöpft.

Danke daher an jeden einzelnen der ehrenamtlichen Mitglieder, die neben ihrer normalen Arbeit und ihren Aufgaben die Zeit finden, täglich für ZDDK/Mimikama zu wirken. Ohne Euch ginge gar nichts!

DIE UNTERSTÜTZER – UNSERE BEIFAHRER

Neben dem Antivirensoftwarehersteller Kaspersky Lab gehört auch Kobik (Koordinationsstelle zur Bekämpfung der Internetkriminalität) aus der Schweiz, sowie der Internet Ombudsmann, die Watchlist-Internet, Saferinternet, Stopline (Meldestelle gegen Kinderpornografie und Nationalsozialismus im Internet), 147-Rat auf Draht (der österreichische Notruf für Kinder, Jugendliche und deren Bezugspersonen), wie auch die Anwaltskanzlei Gulden Röttger Rechtsanwälte aus Mainz zu unseren Partnern.

Gleichzeitig geht unser Dank auch an die vielen Journalisten und Redakteure, mit denen wir im Laufe der Zeit Kontakt hatten. Ob Lokalzeitung oder TV-Format: Die Zusammenarbeit ist uns immer wichtig. Respekt, Vertrauen und gemeinsame Arbeit standen dabei immer im Zentrum.

Und auch noch ein Dankeschön an die Polizei, im Speziellen an die Social-Media-Beamten der Polizei: Ja, es gibt sie! Und ja, wir begrüßen die enorm wichtige Arbeit seitens der Polizei in den sozialen Netzwerken.

DAS ZIEL: MEDIENKOMPETENZ AUFBAUEN – SICHERHEITSSYSTEME ERSCHAFFEN

Wir wollen mit unserem Handeln das Internet und damit zwangsläufig auch die Gemeinschaft ein wenig sicherer machen. Ziel ist es, Internetnutzer mündig zu machen, sodass sie Entscheidungen und auch Kommentare im Sinne einer funktionierenden Gesellschaft tätigen und nicht destruktiv wirken.

Da die virtuelle Realität bereits erschreckend großen und noch stetig wachsenden Einfluss auf die wirkliche Realität nimmt, ist es uns ein dringendes Anliegen, direkt im Netz einen Pol zu bieten, an den sich Menschen halten und auch wenden können. Einen Pol, der sie nicht ausnutzt, sondern sie darin bestärkt, im Sinne von Menschen zu handeln.

Von den ersten Hackern bis Wikileaks

Das Internet erweist sich als die neue bestimmende Macht auf unserem Planeten. Ideen, Meinungen und Bilder von einzelnen jagen in Sekunden um den Globus und werden von Millionen gesehen. Welche Probleme und Lösungen sich ergeben, zeigt dieser Film, der von John Perry Barlow bis Julian Assange Größen und Wegbereiter des World Wide Web zu Wort kommen lässt. Eine mitreißende Filmdokumentation von der wilden Gründungsphase des Internets bis zu den heutigen Konflikten und Möglichkeiten.

- *Doku über die Geschichte des Internets*
- *Top-Experten, wie Julian Assange oder Rick Falkvinge, Gründer der schwedischen Piratenpartei*

88 Minuten | 19,95

ISBN 978-3-8312-8143-5

KOMPLETTMEDIA